# 平台战略

## 搭建智能平台的七个步骤

# PLATFORM
# STRATEGY

［芬兰］ 特罗·奥耶佩拉　　［芬兰］ 蒂莫·O. 沃里　著　　刘婵娟　译
　　　　Tero Ojanperä　　　　　　　Timo O. Vuori

中国科学技术出版社

·北　京·

© Tero Ojanperä, Timo O. Vuori , 2021
This translation of Platform Strategy is published by arrangement with Kogan Page.

北京市版权局著作权合同登记　图字：01-2022-1850。

#### 图书在版编目（CIP）数据

平台战略：搭建智能平台的七个步骤 /（芬）特罗·奥耶佩拉（Tero Ojanperä），（芬）蒂莫·O. 沃里（Timo O. Vuori）著；刘婵娟译. —北京：中国科学技术出版社，2024.1

书名原文：Platform Strategy

ISBN 978-7-5236-0191-4

Ⅰ.①平… Ⅱ.①特…②蒂…③刘… Ⅲ.①网络公司—企业管理—案例 Ⅳ.① F490.6

中国国家版本馆 CIP 数据核字（2023）第 164005 号

| 策划编辑 | 杜凡如　李　卫 | 责任编辑 | 史　娜 |
|---|---|---|---|
| 封面设计 | 东合社·安宁 | 版式设计 | 蚂蚁设计 |
| 责任校对 | 吕传新 | 责任印制 | 李晓霖 |

| 出　　版 | 中国科学技术出版社 |
|---|---|
| 发　　行 | 中国科学技术出版社有限公司发行部 |
| 地　　址 | 北京市海淀区中关村南大街 16 号 |
| 邮　　编 | 100081 |
| 发行电话 | 010-62173865 |
| 传　　真 | 010-62173081 |
| 网　　址 | http://www.cspbooks.com.cn |

| 开　　本 | 880mm×1230mm　1/32 |
|---|---|
| 字　　数 | 188 千字 |
| 印　　张 | 9.5 |
| 版　　次 | 2024 年 1 月第 1 版 |
| 印　　次 | 2024 年 1 月第 1 次印刷 |
| 印　　刷 | 河北鹏润印刷有限公司 |
| 书　　号 | ISBN 978-7-5236-0191-4/F·1173 |
| 定　　价 | 79.00 元 |

（凡购买本社图书，如有缺页、倒页、脱页者，本社发行部负责调换）

◆ 推荐序 ◆

## 适用于数字世界的平台

数字平台——作者在书中称之为智能平台——越来越被视为开拓性的,甚至是革命性的交易活动新形式。这种极具潜力的数字平台最近才得到认可。苹果在 2008 年推出应用商店（App Store）时比发布苹果手机（iPhone）要低调许多,很少有人意识到应用商店作为苹果手机的重要补充的潜力。2011年,沃尔特·艾萨克森（Walter Isaacson）在其撰写的《乔布斯传》（*Steve Jobs*）中写到,乔布斯不希望应用商店对第三方开发人员开放,因为他害怕失去质量控制,然而,来自开发者社区的压力使他不得不向第三方开发人员开放。

大约在同一时间,本地平台业务开始出现。爱彼迎（Airbnb）于 2008 年在美国旧金山成立,主要用于满足大型会议期间住宿客房的高需求。爱彼迎现在已是一家全球公司,市值超过了万豪和希尔顿国际酒店集团的总值。在撰写本书时,全球已有成千上万的平台业务公司,在这些公司中,美国和中国的公司一直处于领先地位。2021 年 3 月 31 日,8 家平台企业位居最具价值的前 10 位:其中 6 家来自美国（苹果、亚马逊、脸书[1]、谷歌、微软和特斯拉），2家来自中国（蚂蚁科技集团[2]和腾讯），总市值为104 800万亿美元（1美元≈6.88元人民币）。请注意，我把特斯拉算作汽车领域的平台业务公司，事实也的确如此。

如果你观察一下2021年4月估值排名前100的独角兽公司，你会发现其中近70%是平台企业，自那以后，平台企业的势头进一步增强。平台业务持续扩张，直接或间接地威胁着许多行业的传统业务。

最初的大部分交易模式是企业面向消费者的（B2C），但企业对企业的交易模式（B2B）有望成为未来的大趋势。尽管企业对这一趋势的应对方式存在明显差异，但是所有行业还是会受到影响，随着并购浪潮被不断扩张的生态系统所推动，行业之间的界限也将变得模糊。在这些生态系统中，企业获得的数据通常会比传统连接发挥更大作用。任何一家企业都不会对即将到来的行业洗牌无动于衷，所有企业都应该了解各类平台的运作情况，以及其在业务增长和实现高估值方面能够成功的原因。

---

[1] 脸书：现已更名为元宇宙Meta。——编者注
[2] 蚂蚁科技集团：曾隶属于阿里巴巴集团，2020年7月15日，企业名称变更为蚂蚁科技集团股份有限公司。——编者注

## | 可扩展性和网络效应

平台经济学背后的驱动力是什么？为什么他们能在这么短的时间内占据市值榜首？

平台通过连接买家和卖家来创造价值，这是市场几个世纪以来的常态，就像近年来购物中心和股票市场一样。平台规模受到距离和其他交易成本的限制，中间环节弥补了重要的差距，但代价巨大。

数字化平台花费在用来连接买家和卖家的成本比传统平台或中介要低得多。商机存在于消除阻力和规避中介。相互融合的各项数字技术成为有力的促进因素。

云计算、人工智能、机器学习、区块链和传感器技术使得数字交互变得更安全、更省钱。通过互联网或"云端"收集、存储、处理和发布数字信息的成本也在降低，这极大提高了数字平台的可拓展性。正是这种可拓展性，使得某些头部公司市场价值飙升，特别是在 B2C 市场。另一个关键驱动因素是数字平台固有的网络效应。平台上的客户越多，该平台对新客户的价值也就越大。在达到临界规模后，平台将以越来越快的速度增长，这通常会将潜在的竞争对手拒之门外，而平台的用户越多，产生的数据也会越多。

数据有价值的原因有几点，其中一个重要原因是，数据让人工智能变得更加"聪明"。数据不仅可以提高预测模型的准确率，还可用于推荐个性化的产品和服务，或者更好地实现买卖双方的匹配。数据借贷曾帮助中国、印度和亚洲其他地区的大量人口获得了信贷。特别是在人们没有财富可抵押的贫困地区，数据已成为新的抵押品。数字监控也大大降低了欺诈概率。这是数字平台降低信息成本和规避中介的另一个例子。

数据也在推动平台生态系统的发展。传统企业的跨界并购正变得稀松平常。物流公司的价值也在增长，他们提供的数据比起其运输服务更受欢迎。了解数据和平台日益增长的作用对企业提前把握市场中的机遇和风险至关重要。

## | 思维倒置

本书关注的是老牌企业怎样搭建数字平台并利用其带来的机遇。本书援引的大量说明性例子，渗透着作者广泛的阅历和专业化分析。书中所有内容旨在借助数字平台帮助高管和他们的公司找到合适的发展路径。

要成为平台企业，需要在思维方式上做出重大调整——培养新的战略型思维。因为价值已不再依赖于拥有资产和专有生产方法的所有权等长期竞争优势来获取。开放式接口使合作伙伴和客户能够获取公司信息和资源，推动创新并为平台创造更多价值。这是通过应用程序接口（API）完成的。应用程序接口作为提供访问数据的算法和在平台上构建第三方程序的工具，被作者称为"算法握手"。作为替代传统中介的守门人，一旦编写完成，API 的使用边际成本将是最低的，因为这其中没有人工参与。

当亚马逊在 2006 年向第三方供应商开放其交易平台时，其销售额激增；如今，第三方供应商的销售额已经超过了亚马逊自己的销售额。几年后，亚马逊又推出了云服务，其利润丰厚，如今已经占据其市场份额的 30%。

平台对外界开放带来的好处数不胜数，新老合作伙伴都会觉得自己被赋予了权力和动力，去创造新的机遇和提出新的解决方案。与苹果在应用商店中的做法类似，亚马逊也从平台收益中分得了一杯羹。软件即服务（SaaS）是一种快速增长的商业模式，其经济效益巨大。这将减少资源闲置，并且企业无须将单个程序分发给用户。平台的拥有者能以较低的资产投资获得稳定的收入流（尽管使用云计算服务的费用不菲）。即使没有直接投资，他们也能够从公司内部这种非再生的创新机制中获得收益。

运营开放平台需要勇气和技巧。主要的战略杠杆仍然掌握在平台所有者手里，他们设计（或选择预先设计）了要在平台上使用的 API。尽管如此，对于通过接口构建何种类型的应用程序，并没有通用的限制标准。

人们通常认为，拥有资产使公司能够更有效地协调业务。市场交易提供了强大的激励措施，但更多的交易是基于自身利益进行的。企业通过将更多资产汇聚到一起，使其合作业务能够得到加强。数字平台在评估和权衡合作利弊的同时，提供了介于制造和购买之间的第三种选择。如何用 API 设计和引导市场赛道也是平台战略的挑战之一。

## | 无限未来

平台模糊了企业边界及业务范围。2002 年，杰夫·贝佐斯（Jeff Bezos）发布了他著名的"API 宣言"。它首先声明"所有团队从此将通过服务接口公开他们的数据和功能"，这使得亚马逊的内部运作更加透明。当然公司以如此透明的方式向外界开放需要勇气，这也展现了贝佐斯预见和掌控平台未来业务的能力。这项授权对亚马逊的云计算部门尤其有价值，该部门在 2021 年贡献了亚马逊营业收入的约 60%。它整合了亚马逊的内部和外部接口，消除了边界。

而地球另一端，世界上最大的白色家电公司海尔，采用了一种内外部差别更小的商业模式。他们订单到达时形成临时团队，每个团队都在为拿单而投标。外部团队也可以自由前来投标，甚至可以领导海尔的员工团队。尽管海尔模式是许多商学院课程的主要内容，但其模式并没有像亚马逊模式那样普及。

海尔确实有欧洲和美国的分部，其部分体系的建设也已经基本完备，但当地的社会规范和法律规定限制了这种模式的大规模推广。

通过这些未来主义的措施，我想说我们看到的是更加开放的新型商业模式和组织形式的雏形。数字技术并没有消除过去那些定义企业占行业边界的基本的激励与协调问题，但它的出现已经让这些边界变得更加开放。

本书结合了深厚的商业经验、具体的案例和前沿的、高质量的学术研究，为企业高管们提供了关于公司向智能平台转型的详细、深刻的建议。本书为提升平台价值提供了令人信服的案例，强调了战略目标明确的重要性，即不仅关注技术解决方案和分析计算，也同样关注转型中的人性化方面。我相信，阅读此书将标志着许多企业转型之旅的开始。

本特·霍尔姆斯特伦（Bengt Holmström），
2016 年诺贝尔经济学奖得主

# 序

本书旨在帮助企业主管应对平台和人工智能带来的颠覆，并采取行动。

关于平台经济和人工智能的描述性书籍不胜枚举，然而，对于企业转型或从零搭建智能平台，能提供清晰指导的书却少之又少。关于企业起步和引领转型的便捷方法还没有出现，这正是我们在本书中想要解决的问题。

以往的经验和研究证明，企业面向智能平台的转型不可一蹴而就。如果急于求成，反而会适得其反，导致平台战略无法有效地调控企业行动。

特罗·奥耶佩拉（Tero Ojanperä）在诺基亚的职业生涯深深植根于平台业务。诺基亚的兴衰本身就是一个跟平台有关的故事。2011年，在离开诺基亚后，特罗专注于创业和投资，这有助于他了解企业的真相。他担任过上市公司和非上市公司的董事会成员，并且见证了董事会是如何努力应对颠覆性的商业模式的。2017年，他联合他人创立了思洛人工智能公司（Silo AI），以帮助客户利用人工智能实现业务转型。

蒂莫·O.沃里（Timo O.Vuori）的研究集中在战略制定

和创新过程的人性化方面。2006年以来，他对诺基亚和其他面对数字及平台革命的大公司进行了广泛的案例研究。借此，他了解到这些公司为何无法转型并实现领导变革。他还学到了其他成功公司的不同做法。从2015年开始，他通过对高管的培训教育和战略咨询，在实践中完善了这方面的经验。他培训过数十名首席执行官，并帮助几家大公司制定并实施了新战略。2013年，蒂莫采访了诺基亚前首席执行官康培凯（Olli-Pekka Kallasvuo），对方建议他也和特罗谈谈。此次采访促成了两人的合作。2016年，在蒂莫的爱徒、芬兰OP金融集团执行主席蒂莫·里塔卡利奥（Timo Ritakallio）的博士答辩结束后，他们再次见面。这次见面，他们意识到需要更好地理解如何领导平台公司，那次会面开启了他们的合作。

　　本书凝聚了两位作者多年的研究、阅历，以及人类对人工智能和平台驱动的颠覆性商业模式的见解。希望此书将帮助你迈出领导者的第一步，通过人工智能、平台和人类智慧加速推动贵公司转型。

# 目录

引言     001

## 第一章　化恐惧为力量     017

管理者的恐惧：麻木和恐慌     019
为何管理者害怕平台和人工智能     023
失去掌控感     023
商业模式的彻底颠覆     024
个人判断空间减少     024
如何将管理者的恐惧转化为力量     025
组织的恐惧：一成不变与消极抵抗     032
如何将组织的恐惧转化为力量     035
合作方的恐惧：质疑与不信任     041
如何将合作方的恐惧转化为力量     043
▲ 要点回顾     048

## 第二章　消除阻力     051

阻力创造机会     053

| | |
|---|---|
| 搜寻与精力成本 | 057 |
| 如何降低搜寻与精力成本 | 059 |
| 不确定性与焦虑成本 | 071 |
| 如何降低不确定性与焦虑成本 | 072 |
| 机会主义相关成本 | 076 |
| 如何降低机会主义相关成本 | 078 |
| 创造魔法 | 082 |
| ▲ 要点回顾 | 083 |

## 第三章 专注于行动，打造社群　　087

| | |
|---|---|
| 平台成功始于专注 | 089 |
| 如何打造重点品 | 091 |
| 精益求精，做大做强 | 106 |
| 平台精益化与扩张的步骤 | 108 |
| 高黏性社群令平台增值 | 115 |
| 如何建立高黏性社群 | 117 |
| 打造 B2B 社群 | 124 |
| ▲ 要点回顾 | 125 |

## 第四章 构建学习闭环　　127

| | |
|---|---|
| 学习闭环能强化竞争优势 | 129 |
| 有效使用人工智能，从业务目标出发 | 131 |

| | |
|---|---|
| 如何为人工智能制定业务目标 | 134 |
| 无数据学习是异想天开 | 137 |
| 如何生成有效数据 | 138 |
| 持续学习意味着天天进步 | 144 |
| 如何实现高效的持续学习 | 146 |
| ▲ 要点回顾 | 156 |

## 第五章　从"算法握手"开始　　159

| | |
|---|---|
| "算法握手" | 161 |
| 以用户和利益为中心开发 API | 164 |
| API 为何以及如何产生价值 | 165 |
| 将 API 开发产品看作商业模型开发 | 172 |
| 如何成功创建 API | 173 |
| 从产品生命周期的视角看待 API | 180 |
| API 采用生命周期视图需要采取以下步骤 | 182 |
| ▲ 要点回顾 | 189 |

## 第六章　创所未见　　191

| | |
|---|---|
| 概念洞察力需要创造性思维 | 193 |
| 由外向内：从市场趋势和机遇出发 | 195 |
| 通过下面三步，发展由外向内的概念洞察力 | 196 |
| 由内向外：从目前的优势和资产开始 | 204 |

发展由内向外的概念洞察力 205
"如果我们进行并购会怎么样" 210
使用"如果我们进行并购会怎么样"模式的三种方法 211
管理人员和情绪，以激发创造力 217
▲ 要点回顾 222

## 第七章　围绕人工智能进行部署　225

用人工智能取代正式组织层级 228
如何用人工智能取代正式组织层级 229
学习使用人工智能 242
如何学习使用人工智能 243
用数字孪生超越发展中的物理限制 249
如何构建数字孪生 251
▲ 要点回顾 255

结语 257
参考文献 265
致谢 287

→ 引言 ←

| 智能平台正在胜出

2010 年年初，那时的诺基亚还是手机市场的主导者，全球市场份额超过 30%。乔布斯和当时还是特罗公司的诺基亚首席执行官康培凯进行了一次会面，乔布斯对康培凯说："这件事并不该让我的竞争对手知道，但你不是，所以我可以告诉你。"看到康培凯困惑的样子，他继续说道："你们（诺基亚）算不上是平台。除苹果外，只有一家公司称得上平台，那就是微软。"康培凯十分震惊，在脑子里反复思考乔布斯的话。

诺基亚没有成为平台倒不是因为缺乏尝试。当时，特罗负责打造诺基亚的互联网服务平台 Ovi。这是一个多样化的服务平台，包括音乐、照片、社交媒体、视频和电视节目，诺基亚几乎收购了所有这些服务。这一服务平台计划在 3 个操作系统上运行：入门级手机中的 S40 系统、智能手机中的塞班系统和高端智能手机中的基于 Linux 的 Meego 系统。但诺基亚并没有在智能手机的战场中胜出。即使它在 2008 年成功创造了像 N95 这样的标志性手机，之后也从未开发过任何平台和有影响力的生态系统。

诺基亚已经忘记，自己之所以成为手机巨头，所凭借的无外乎是专注。20世纪90年代初，在乔玛·奥利拉（Jorma Ollila）的领导下，诺基亚从一家集团化公司转变为一家业务专一的公司。它剥离了其他各种产业，如与森林相关的产品、电视机、计算机、化学品、电缆和汽车轮胎业务，只保留了移动通信业务。乔玛领导的梦之队，包括康培凯（当时的首席财务官），只专注于新兴的手机业务，使诺基亚成为世界上极具影响力的品牌之一，但是，它未能延续智能手机和平台的创新浪潮。

诺基亚的例子证明通过各种并购建立平台的做法并不可取，因为平台演化会经历不同阶段。王者伟业，专注成就成功。先把一件事做到极致，然后再谈扩张，随后，是为扩张设计商业模式和技术架构。苹果公司在2007年推出iPhone时就已经做到了这一点，虽然仅有一种模式，但人人都可以在此模式下的平台上进行创新。与苹果类似，特斯拉在2016年只推出了一款车型——Model S，两者都有一个旨在作为平台发展的架构。因此，苹果创造了应用商店，而特斯拉普及了自动驾驶汽车。

但苹果不再是智能手机平台公司。多年后，它凭借自身实力华丽转身，进入了新的垂直领域，如健康和保健、所有服务合为一体的Apple One以及即将推出的苹果汽车业务。同样，特斯拉在汽车业务之外，也进入了能源业务。亚马逊、阿里巴巴、脸书和特斯拉等平台经济的赢家正在超越行业界限，因为他们正在利用更广泛的生态系统（如健康和能源）强化自己的服务并扩大商业机会。通过阅读本书内容，你完全可以学着自己去做。

上述公司已经成为我们所称的智能平台。它们不仅会产生网络效应，还能凭借人工智能赋能的学习闭环模式，利用人类智慧开发产品，从而实现质的飞跃。

你现在可能会认为这一切只有天花板级别的公司才能做到。然而，从已经转型智能平台的公司身上汲取经验，对各种规模的公司来说都至关重要。这包括想借助平台保持其主导地位并实现增长的大型企业，以及想挑战现状并彻底转型的本土数字化初创企业。

## | 新型战略方案

许多从事传统行业的公司已经在采取措施，打破行业边界，向智能平台转型。以货运代理飞协博（Flexport）为例，该公司正在简化陈旧的全球物流业务，从提供智能物流解决方案到贸易咨询和融资等非传统服务都有所扩张并成功实现了转型。

世界第二大电梯公司通力（KONE）通过了解城市化进程，关注客户需求。例如，该公司开发了超轻电梯绳UltraRope，使电梯的拉升高度突破了1000米。它还打造了世界上首个数字电梯系列。但要突破销售电梯和自动扶梯的局限,通力需要打造一个连接合作伙伴的生态系统。通力花了数年时间探索如何与合作伙伴合作。最终,该公司的合作关系部负责人决定推出一个智能建筑平台,并积极与合作方合作,争取内外部的支持。如今,通力正在以智能的方式连接合作方,提供更加顺畅的人员流动。这些流动带来了一些从传统的角度来看与电梯无关的元素,比如机器人微型酒吧等。但通力专注于改进产品,并以创新与智慧的方式拓展了无限未来。

意识到智能平台威力的公司的数量迅增。其中之一是德国朗盛(Laxness),一家市值达到 110 亿美元的化工公司,其首席执行官兼首席数字官推出了一个名为 Chemodis 的平台。该平台成功连接了供需双方,构建了 B2B 市场模式,这在化工行业引起轰动。另外一个例子是农具制造公司约翰迪尔。10 年前,其领导者看到了与合作伙伴加强合作以后带来的创新机会。该公司将拖拉机和其他设备连接到同一个中央数字云平台上,并向合作伙伴开放。通过以上举措,他们不仅避免了倒闭的危险,还紧握方向盘,创造了新的产业生态,实现了财富的巨大增长。

对于智能平台来说,利用数据和人工智能不断改进产品是至关重要的。一个多世纪以来,大型法律出版集团汤森路透(Thomson Reuters)一直在收集大量的专有数据。其商业领袖持有的基本观点不是"人工智能能做什么"而是"人工智能能解决什么样的问题"。汤森路透侧重于帮助法律专业人士，为此，它用专有数据优化其数据库Westlaw Edge。通过基于人工智能赋能的学习闭环模式，每位客户的学习参与都会促进系统改善。通过这种方式，他们可以不断学习更多知识，从而改善服务，增加客户黏性。而更多的客户意味着更多的数据和进一步的加速学习。

传统的战略方案建议公司应专注于特定的行业，其发展要与自身的行业位置和能力相匹配，非相关行业的多元化行为一直被视为飞蛾扑火。真正的领导力要将坚定的行动与特定目标统一。即使是强调敏捷的战略构想有时也难免显得狭隘：人们普遍认为企业应该在当前的行业中保持敏捷，这样才能够迅速开发产品，并积极参与竞争。传统战略方案的弊端是：它禁锢了企业领导者的思维，令其放弃了让企业利用平台时代进化的机会，将注意力放在了当前行业的传统经营方式上。

相比之下，我们认为一种新的战略制定方法已经开始出现。率先实践的公司已经不再按照传统的行业界限来定义自己。相反，他们积极地寻求对原有界限的不断超越，尝试去创造跨行业的协同价值。他们之所以能够做到这一点，是因为借助了平台业务模型和人工智能，他们能够整合传统上不兼容的商业活动。但仅靠技术是远远不够的——领导者还需要具有人类的创造性洞察力，去发现机遇，并大胆采取行动。

例如，从阿里巴巴集团剥离出来的蚂蚁科技集团通过其支付平台——支付宝在垂直金融科技服务领域夯实了基础。之后，它着手打造"一站式数字生活平台"，平台连接了约 4000 万家服务提供商，包括食品杂货配送公司、酒店和运输公司。

尽管老牌公司的商业领袖已经认识到新技术的潜力，但他们在把技术应用到当前业务的过程中却遇到了诸多困难。当面对日新月异的行业变化以及董事会和员工的变革要求时，他们显得麻木和茫然失措。本书将讲解具体的做法和步骤，帮助你克服困难，打开局面。

## | 跨行业的平台战略的要素

为了打破行业界限，贵公司需要保证 3 个关键要素都做到位，并了解战略的实施是循序渐进的过程。这 3 个要素是：平台产生的网络效应；人工智能赋能的学习闭环；人类智慧、洞察力和创造力。本章描述的 7 个步骤，可以帮助企业构建起这 3 个关键要素。接下来让我们逐一详细展开。

## | 平台产生的网络效应

第一个要素是通过平台产生的网络效应。平台可以利用各方的合力来创造价值。这样，平台的价值就会随着用户、互动、平台使用的不断增加而增加,从而产生网络效应。

比如,世界上只有一部电话是毫无意义的,但有两部便可以使两个人交流,而拥有成千上万部电话可以让人们之间建立起数以百万计的关系网。这使得电话对每个用户来说都有更多的附加价值,这就是所谓的直接网络效应。再比如亚马逊市场的客户评论和相关推荐,用户越多,评论和推荐就会越多,这就为其他亚马逊用户创造了价值。

在间接网络效应中,一组用户的价值会随着另一组用户的增加而增加,例如 iPhone 开发者和用户之间的间接网络效应。每一个群体的成员数量越多,对方从中受益就会越大。开发者越多,可应用的种类就越多,因此对用户的价值也就越大。反之,潜在客户越多,应用程序开发人员的预期销售额就会越高,而平台也能为他们带来更多的收入。

约翰迪尔公司通过平台打通了农业产业链上的多个环节,包括设备、农民、农场管理系统和应用程序开发人员。任何一方加入都会加强其间接网络效应:平台产生了更多供应用程序开发人员使用的数据;更多与平台连接的农场管理系统则增加了对农民的吸引力;应用程序越多,就会对使用该平台优化农业活动的农民越有利。

由于其固有的性质,网络效应会产生长期的效益。随着时间的推移,平台也会逐渐优化,从而能够吸引新客户和其他平台利益相关者的加入。此外，由于网络效应的存在，人们不太可能会从较不发达的平台获益，也就更加难以离开现有的平台。

除了从网络效应中受益，平台商业模式还能使企业快速创建新功能，这对他们开发新产品或打破行业界限是至关重要的。平台商业模式允许企业通过平台向客户提供第三方服务，而不需要以组织变革或收购的方式实现这一点。

应用程序接口（API）是一种连接新应用程序和平台的机制。从客户的角度来看，平台似乎具备满足他们需求的能力，因此他们选择从平台购买。例如，iPhone 拥有第三方应用程序开发人员提供的所有重要功能。还有约翰迪尔公司，他们不仅销售机器，还提供基于自身数据的应用来提高农民的生产力。因此，平台的创新高度，是任何只做单一行业业务的公司都达不到的。

## 人工智能赋能的学习闭环

在智能平台上，由人工智能助力的学习闭环可以快速提高价值创造的效率。一旦进入这个行业，他们就会比现有公司或其他新入场的竞争者"跑得"更快，并能迅速提供更多的价值。

人工智能赋能的学习闭环包括行动周期、数据分析和行动修订。在每一个环节，与行动及其结果有关的各种数据都会被认真考虑。多个行动与结果也会相互对比参照。通过这种方式，你就可以确定具有哪些品质及特性的行为会带来更好的结果。因此，在下一轮周期中，你可以将这些行为特性加以记录完善。此外，你还可以有意识地尝试各种替代措施，从而保留那些有助于提高业绩的，丢弃那些无用的。当这个循环周而复始地运行时，你将稳步提升业绩，并且能够落实好重点任务。

学习闭环类似于人类的自然学习，但关键的区别在于两者的运转速度和不断积累的经验。一个人可以反思自己甚至几个同事的行为和结果，这算是某种"学习"。但人工智能系统可以准确地记录并系统地回溯成千上万人的行为和结果，实现完全不同的学习规模。

此外，人类往往不愿承认自己的错误，也很难接受自己最初想法不正确的事实。相比之下，人工智能绝无此类问题。因此，机器学习不仅学得更多、更快，而且更准确。它丝毫不受个人中心主义和其他妨碍学习的心理问题的影响。

## | 人类智慧、洞察力和创造力

智能平台还能够激发人类的智慧和勇气，助其实现意想不到的飞跃，并扩大产品或服务的辐射范围。它不受传统行业或特定产品身份的束缚。相反，如果看到了跨行业之间的协同可能，公司就会勇于抓住机会。实际上，通过在行业之间建立一个技术赋能的"虫洞"，把不同的行业聚拢在一起，这是之前的人们无法想象的。

此外，人类的洞察力和创造力仍然不可或缺，尽管人工智能有很多优点，但仍缺乏足够的创造力。比如，亚马逊也许会通过使用人工智能来优化图书销售，但人工智能无法指引亚马逊从卖书转向卖其他商品和云服务。苹果公司也许会通过人工智能来分析人们喜欢哪一款电脑，但人工智能不会告诉苹果公司要从只制造电脑拓展到生产 iPod 和 iPhone。从根本上说，跨行业类别的战略行动需要人类的创造力。人工智能本身是有益处的，但是要打破行业界限，还需要人的洞察力。

为了在组织中有效地使用人类的洞察力和创造力，你需要掌握组织的心态。你需要了解员工们的想法，以及产生这些想法背后的原因。然后，你还需要去改变那些激发反生产行为的因素，增加能够激发员工智力、洞察力和创造力的因素。

## | 构建跨行业智能平台的 7 个步骤

构建跨行业智能平台，你需要管理好 3 个相互依存的驱动因素：创造网络效应；采用人工智能；培养人类的创造力和进入新领域的勇气。恐惧会妨碍公司采用新的技术和商业模式，这就需要你把恐惧转化为力量。然而，只有当你选择了正确的技术和商业模式时，这种力量才会有意义。同样，只有当你具备了勇气和创造力时，以上选择才能达到帮你转型的目的。因此，你需要采取策略，在人工智能、网络效应和心理之间实现同步和协同，从而实现根本性的转变。基于对平台经济领域赢家们的业务发展研究和案例分析，我们提供了向平台业务转型的 7 个步骤（见图 0.1）。

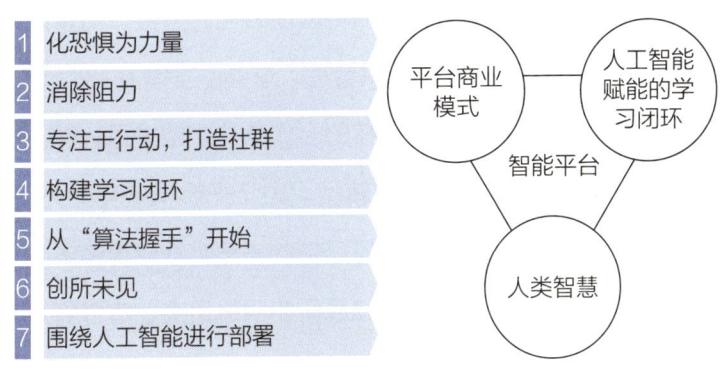

| 1 | 化恐惧为力量 |
| 2 | 消除阻力 |
| 3 | 专注于行动，打造社群 |
| 4 | 构建学习闭环 |
| 5 | 从"算法握手"开始 |
| 6 | 创所未见 |
| 7 | 围绕人工智能进行部署 |

图 0.1　构建跨行业智能平台的 7 个步骤

特斯拉是个很好的案例。当其他汽车制造商因为恐惧而退缩时，埃隆·马斯克（Elon Musk）将对未知的恐惧转化为强大的变革力量。通过打造超级充电站，特斯拉消除了汽车充电时的阻力。特斯拉的初心就是专注于制造出一款为热爱环保的用户提供动力的豪华车。它的自动驾驶技术并不完美，但得益于学习闭环，它的发展速度远远超过了其他竞争对手。

特斯拉也开始向第三方应用开放平台。这使得通过 API 实现"算法握手"成为可能，API 允许计算机程序之间直接通信。特斯拉利用其电池、分析和设计能力，将其业务扩展为打造家庭能源存储系统，这就是所谓的创造惊喜。为了提高效率，充分发挥平台和人工智能的潜力，特斯拉越来越多地以人工智能为中心展开活动。它用人工智能取代了传统的组织层级去管理和协调企业运作。

在第一章，我们描述了如何将恐惧转化为力量。向智能平台转型将从根本上改变你的组织管理，这会引发很多人的恐惧，包括你管理的团队、员工和潜在的合作伙伴。结果是，他们的担忧会引发惰性，妨碍企业的转型。为了把恐惧转化为力量，你需要有意识地做出结构性和程序性的决策，并应用诸多心理学战术。基于我们的实践经验和最新的顶级研究，本书将从实践的角度出发对决策和战术予以阐述。

在第二章，我们展示了如何消除阻力，简化程序，为平台建立坚实的基础。平台的业务模型之所以有效，是因为它们将多个参与者整合在一起。这只有在没有阻力时才有意义，而阻力来自交易成本。在本章中，你将了解到如何将三种基本交易成本最小化，它们包括搜索和精力成本、不确定性和焦虑成本以及机会主义相关成本。在本章，我们将展示如何以聪明的方式（例如在不增加平台使用复杂性的前提下运用评价体系）增加平台的可信任度与控制力。

在第三章，我们强调了你需要专注于行动来吸引粉丝。在确定了可以消除阻力的业务或流程后，你便可以蓄势待发，逐渐扩展平台。首先，你要向苹果公司和特斯拉公司学习，只专注于一种核心产品。这有助于培养客户的忠诚度，使其对你保持长期关注并为你建立起网络效应。你将学会判断哪些重点领域能赢利并采取初步行动。

另外，公司一旦确立了重点领域，下一步就是完善产品和建立专属团队。经过各种实践学习，你可以稳步、持续地改善重点领域。最后，你需要了解建立平台社区的各种方法及知识，例如如何加强平台利益相关者之间的沟通。平台社区的参与能增强网络效应，并为进一步改进平台提供有价值的参考。

在第四章，我们将助你探索人工智能学习闭环，教你如何快速有效地改进你的重点服务和社群。学习闭环是一种系统性收集和分析数据以便改进行动的方法。这些改进涉及成本效益、产品或服务质量、客户参与度等。为了使改进有意义，你需要制定业务目标。人们很容易陷入各种关于人工智能的幻想并迷失在毫无意义的数据和报告中。但你只有制定了业务目标，人工智能的成果才能直接改善平台。你还要学习如何生成相关数据以促成人工智能的应用，以及人工智能如何通过各种实践实现最大化的持续性学习。本章特别展示了特斯拉、优步和爆炸品供应商澳瑞凯在构建学习闭环方面的生动案例。

在第五章，我们将开始讨论如何与"算法握手"，让更多的人参与到平台当中。新参与者包括新客户、第三方服务提供商和各种类型的供应商。他们非常乐意加入平台，这不仅源于他们被你的专注精神所激发出的兴奋感，也源于人工智能赋能的学习闭环能够大幅改善平台的能力。"算法握手"允许计算机之间无须人工参与而直接进行通信和协作，这使其他公司能够顺利加入平台。从技术上讲，这是通过 API 实现的。你将了解如何为 API 定义业务目标，并对其进行产品开发。你还将从产品生命周期的视角进一步理解 API，这对平台的长期发展至关重要。

在第六章，我们将讨论创新。到目前为止，你已经有了专注的领域，并通过人工智能赋能的学习闭环和来自第三方的"算法握手"使其得到了改善。接下来，本书将向你展示如何创新以及如何从优势行业中跃升。从传统商业的角度看，这种多元化的创新是不可预见且毫无意义的。然而，平台和人工智能使企业能够以价值叠加的方式，有效地协同不同行业的活动。你将学到三种具体的方法，让自己洞见深远，一鸣惊人。这三种方法是我们把最新研究成果应用到不同公司的战略管理和创新领域后才得出的。这使得我们能够实事求是地教你如何在组织进行实践。

在第七章，我们把重点从商家应该为市场提供何种新服务转移到如何通过人工智能实现有效交付。你要记住的关键是，无论何时，只要有可能，你就可以用人工智能统筹取代传统的组织层级结构。你将学习如何与人工智能合作。你可以先熟悉人工智能，向它寻求咨询。最后你需要学会信任人工智能，并让它进行自动分析和执行最佳决策。同时，本书将展示如何通过数字孪生的开发来摆脱发展中的实际限制。

这7个步骤将改变你的心态，让你以不同的方式来思考如何创造价值和扩大业务。

# 第一章

化恐惧
为力量

打造智能平台似乎是一项技术挑战。但我们的研究表明，这也是一种心理挑战，其中充满了非理性的恐惧。智能平台挑战了企业的许多基本设想，包括其已经沿用多年的、可能需要被改变的工作方式。

以智能手机业务在 iPhone 问世后转变为平台业务为例，苹果没有提供预装了软件应用的机型，而是允许用户通过应用商店下载第三方应用程序。这些应用程序彻底改变了人们使用手机的方式。

诺基亚是当时的行业巨头，该公司成功地生产了几十种不同型号的手机。但是，平台商业模式不仅要求它减少手机型号的数量，其操作系统的质量也需要做出实质性的调整，以使第三方更容易为其开发应用程序。这一点至关重要，因为第三方应用程序开发人员推动了网络效应。因此，诺基亚的董事会和高层管理团队感受到了严重的不适和恐惧。它的领导者后来不得不重新思考手机的概念。正如我们现在所知，诺基亚在智能手机领域中的起步是相当晚的。

然而，恐惧并不会让你放慢脚步。相反，你可以将这种恐惧为自己所用。恐惧是人类最强烈的情感之一。一旦你将其能量用于企业增长和扩张，企业发展就会势不可当。

电动汽车、云端和自动驾驶给汽车行业带来了冲击。就像苹果推出 iPhone 时一样，特斯拉等新入场者也加入了平台领域。大众汽车不希望走诺基亚的老路，其首席执行官赫伯特·迪斯（Herbert Diess）意识到了被取代的威胁："经典汽车制造商的时代已经结束了……最大的问题是：我们够快吗？"他的任务是帮助高管、组织和合作伙伴克服变革的恐惧，并迅速行动起来。

在本章，我们将介绍几种易于过渡的方案。这些方案有助于你向智能平台转型。

在组织管理中有三类恐惧，它们影响着三类不同的利益相关群体，而这些恐惧需要被克服。

- 管理者：麻木和恐慌。
- 组织：一成不变与消极抵抗。
- 合伙人：怀疑与不信任。

通过本章介绍的行动方案，你可以将各种恐惧转化为力量。

## 管理者的恐惧：麻木和恐慌

恐惧会妨碍组织成功转型成为平台企业和采用人工智能。它通常表现为麻木与惊慌失措。恐惧使人智力下降，思维受限，创造力受阻。

一些领导者变得麻木。当他们认识到平台的重要性时，不眠之夜就会接踵而至。他们会想象公司因新型平台公司抢走了他们的客户而倒闭。然而他们却又一筹莫展，感到无能为力。而他们出于原始本能，又只能选择逃避。

人们觉得只要自己继续躲藏，就会远离威胁，猎物在捕食者逼近时也有类似的反应。从认知上讲，恐惧使他们思维禁锢、厌恶风险。他们避免采取任何大胆的立场或行动，因为这会让他们在危机中更加显眼。当然，如果威胁临近，猎物最不想做的事情就是暴露自己。

他们也不想和捕食者发生冲突。相反，如果不能躲开公众的视线，他们就会矢口否认。也就是说，他们会自欺欺人地假装威胁不存在，像极了一个孩子在电影《小丑回魂》中看到小丑潘尼怀斯（Pennywise）正要袭击一个受害者时，连忙捂上眼睛。

特斯拉于 2016 年推出了 Model S。从那时起到今天，该公司已经又推出了几款车型，颠覆不断加速。与之相对地，该行业的其他公司则陷入了瘫痪。直到 2020 年，大众才宣布削减用于燃料电池的资源并加大对电动汽车的投资。特斯拉则在该条道路上不断前行。该公司正在试验以其全自动驾驶软件、保险和拼车业务为驱动力的新商业模式。它还进军新行业，通过特斯拉能量墙和太阳能屋顶进入了家庭能源系统领域。

2007 年，诺基亚高管表示，苹果的 iPhone 将"刺激该市场，并对整个行业有利"。这份声明让人嗅出恐惧的味道。诺基亚只是表面装糊涂，但并非真的不知道。从认知上讲，诺基亚团队很清楚，"iPhone 是添加了收音机功能的 Mac 电脑的扩展版——苹果创建应用程序和操作系统的经验长达 35~40 年"。尽管如此，他们的恐惧却造成了一种错觉：诺基亚因为身在其中而受益。早在 2005 年之前，诺基亚就开始设计触摸屏和应用程序商店了。然而，恐惧和麻木妨碍了它快速进步。领导者经常会惶恐不安，只有在他们看到威胁迫在眉睫的时候，才意识到必须做点什么了。不幸的是，他们更强调的是"做"这个动作，而不是定义"做什么事情"。

他们的恐慌形式有许多种。例如，一些领导者开始进行岗位调整，进行新的人事任命和改变组织架构。他们甚至还可能提出新的流程并启动大量的咨询类项目。

如果内部努力不足以缓解恐慌，领导人可能还会采取更广泛的行动。比较典型的做法是：在未明确的创新项目上大规模投资、高风险收购以及做些激情洋溢但华而不实的演讲等。

在 21 世纪初的前 10 年，汽车公司对三大威胁感到恐慌：自动驾驶汽车、电动汽车和拼车服务。随着优步的成功，许多人决定押注拼车服务。宝马在 2018 年推出了拼车服务 ReachNow。戴姆勒（Daimler）也与纽约拼车平台 Via 联手推出了拼车服务。2019 年，宝马和戴姆勒联合成立了一家合资企业 FreeNow。然而，这些服务都未能达到一定规模。到 2020 年秋，优步已考虑收购

FreeNow。

从表面上看，所有这些举措似乎都是合理的。然而，他们没有意识到，他们需要提供一种专业且聚焦的产品或服务，再通过规模化来获得成功。我们将在第三章讨论专注力是如何帮助企业吸引粉丝和扩大规模的。更重要的是，汽车行业的巨大变革将是一场平台之战。在电动汽车上加倍下注无济于事，除非车企建立一个与之配套的软件平台。

面对来自脸书、谷歌和亚马逊的威胁，通信巨头威瑞森（Verizon）建立了平台业务。它收购了美国在线（AOL）和雅虎（Yahoo），将二者合并为一家名为"Oath"的新公司。该公司于2019年承认失败，并减持了56亿美元的资产。

2012年，微软宣布了一项新战略。它想要打造跨越硬件、软件和服务的无缝体验。它的战略与其对手苹果类似。但耗资70亿美元收购诺基亚设备业务是史蒂夫·鲍尔默的恐慌之举。这一业务，随后被萨蒂亚·纳德拉取消，与此同时，微软减记了70亿美元的资产，并解雇了7800名员工。但是，纳德拉把恐惧转化为了力量。他将云计算变成公司重点。微软再次成为赢家。

芬兰最大的商业银行是OP集团，数字化和平台的冲击一度削弱了它传统银行的地位。它的首席执行官在2017年曾经预测，数百家分支机构将关闭，数千人将失去工作。这个预测是正确的。那时的公司因为感到恐慌，冒险经营汽车拼车业务，甚至扩展业务到住房服务和其他各种领域。后来，银行接连关闭了这些企业，并重新专注于其核心银行服务，并以积极的数字化方式应对恐慌。

面对挑战，你没有必要恐慌。最初的麻木并不一定致命，因为彻底的颠覆通常需要时间。一般周期是 10 年。但你需要识别这些信号，你一定要目光长远，并尽早采取长期行动。

## 为何管理者害怕平台和人工智能

公司总是害怕新事物会摧毁他们。任何商业格局的激荡和新的竞争，都足以将许多在位者变成局外人。这足以让人恐惧不已。

然而，与其他类型的变革相比，平台和人工智能有更多让人感到恐惧的特点，它们带来的不只是强有力的新竞争对手或者有利于不同公司的新条例；平台和人工智能还改变了商业、组织和行业的基本逻辑，并使之前的知识变得一无是处。

## 失去掌控感

平台意味着你将拥有的是合作伙伴，而不只是下属。所以，你对他们无法行使上级权力，也无法真正地控制他们的计划和业绩。因此，你可能会越来越失去控制力，随之产生恐惧。

就连史蒂夫·乔布斯也害怕依赖合作伙伴。起初，他并不想要 iPhone 用户能够使用第三方应用程序。但在遭到开发商的强烈抵制后，他改变了主意。12 年后，苹果应用商店的收入约为 540 亿美元。

## 商业模式的彻底颠覆

当你的公司转型为智能平台后，还需要面对许多传统企业观念的挑战。因为平台模式与传统商业模式有着根本的不同。

例如，采用平台模式可能会导致公司的营收大幅下降。尽管如此，公司利润的绝对值却可能会成倍增长，因为平台使用费通常是构成平台商业模式的基础。然而，这样的收入下降会让利益相关者认为新模式会让公司规模变小。因此，人们的愤怒和恐惧让他们根本不敢考虑成为智能平台。

## 个人判断空间减少

数字技术的广泛应用，产生了大量决策层所需的数据。因此，公司可以将之前许多需要行政化的决策自动化。这种趋势可能会对高管个人造成威胁,因为专业知识和判断力决定了他们的身份。许多领导者把自己定义为高级决策者。他们有"35年的经验",这让他们身价倍增。如果人工智能算法可以做出更优质决策的话,那么他们自己的决策技巧就变得无关紧要了。

例如,人工智能可以以惊人的准确度预测工厂中零件的故障时间。然而,一个有经验的工厂经理可能不相信这个预测。毕竟,他有几十年的经验,怎么能接受去相信一台机器的判断会更准确?因此,他们可能会积极反对人工智能的使用,甚至可能会刻意制造人工智能算法失败的情况,例如列举一些基于先前数据的算法不够准确的情形。

## 如何将管理者的恐惧转化为力量

作为一名高管,你应该如何应对掌控感减弱、商业模式根本性变革和个人判断空间缩小的情况?更重要的是,你如何让团队也能够成功应对?以下是本书的解释。

化恐惧为力量的步骤:

1. 创造心理安全和集体正念。

2. 创建和评估选项。

3. 为每项选择确定最有影响力的最小行动。

4. 尽早与潜在合作伙伴取得联系。

## 创造心理安全和集体正念

在所有恐惧中，最基本的是生存威胁。通常，管理者们并没有意识到这一点，而是将其转移到战略环境或他人身上。这种个人恐惧感加剧了他们对公司形势的焦虑感，并使他们对战略难题的讨论愈加复杂化。有害的讨论文化会加重个人恐惧。例如，人们会对别人的评论做出低俗的评论，并口头辱骂那些分享新闻或批评观点的人。因此，你首先需要改变公司的讨论文化。

管理者内斗和背后中伤是微软有毒文化的特征。2014 年，萨蒂亚·纳德拉成为微软的首席执行官时，他要求管理团队成员阅读《非暴力沟通》。该书概述了有效沟通的四大原则：

- 观察。避免任何主观臆断或评论。
- 观察并说明感受。
- 阐明哪类需求没有得到满足。
- 要求采取具体行动来满足需求。

很少有一本书能引发如此波澜。显然，前方道阻且长。然而，纳德拉使用此书奠定了新微软的基石。

为提高组织的心理安全水平，越来越多的管理团队已经明确了团队讨论规则。例如，诺基亚前董事长里斯托·斯拉斯玛（Risto Siilasmaa）提出供董事会讨论参考的7条黄金法则。其中包括：

● 假设别人的行为是出于好意，公开、坦诚地工作，并期望其他人也这样做。

● 准备一场激烈的辩论，但要以尊重的方式进行。之后，即使输掉也坚定地支持对方。

● 坚定而充满尊重地挑战管理层，牢记只有当首席执行和管理团队成功时，董事会才是成功的。

他还强化了规则。当董事会成员或高级经理偏离规则时，他会在线下与他们私下交谈。然后，偏离规则的高管会在下次会议上道歉。

网飞（Netflix）宣扬"绝对坦诚"文化。公司鼓励每个人对他人，包括向首席执行官都直接反馈。但是网飞员工提供反馈的方式至关重要。它的第一条规则是：始终接受反馈者是出于好意，并且反馈必须是可操作的。

除了沟通中的敌意，掌控感减弱也是公司向平台过渡时诱发心理安全问题的一个原因。因此，在战略制定过程中强化控制力是非常必要的。你可以为战略制定具体的步骤。你也许无法控制环境，事先也不会知道公司的选择，但你可以决定自己完成任务的方式，并由此获得自信，将恐惧转化为力量。你将不再原地打转，而是勇往直前。

面对种种不确定因素，你的部分恐惧来自当形势紧迫时，自己却感到手足无措。一个简单而暂时的解决办法，就是什么都不做。为了减轻恐惧，你和你的管理者团队可以花一到两个月的时间来了解外部现实中的状况，而且你应该在没有尝试任何解决方案的情况下做到这一点。

这种方法让你处于一种正念状态，打开感知，接受事物的本来面目。试着去理解这一切。剥离主观情绪，以旁观者的视角观察世界，你将看到更大的格局和因果力量以及更多的行为模式。同时，你会从更高层次的理解中获得满足感。

在实操中，你可以：

- 总结外部趋势。
- 采访公司利益相关者，甚至竞争对手。
- 评估内部和外部形势。
- 评估不断变化的消费者行为。

### 创建和评估选项

大量的心理学研究表明，当以下这两种情况接连出现时，我们的大脑会产生恐惧反应。首先，外部情况在某种程度上威胁着我们的幸福或成功；其次，我们对此无计可施。如果我们知道自己可以应对的话，威胁其实并不可怕。例如，如果在黑暗的小巷里独自面对一个抢劫犯，你会感到恐惧，因为不知道自己是否能逃过此劫。但如果当时你的身边有保镖的话，你就会不那么担心了，因为你知道他们会保护你。

选择战略就像选用保镖一样——两者都提供了面对危险的对策。

目前，平台带来的新竞争对企业造成了威胁。然而，如果你提出一个有潜力的战略决策，那么你能成功对抗新竞争对手的机会就会增加。选择越多，机会就越多。因此，战略选择可以减少恐惧。

你应该寻求制造选择的机会，即使在认为自己无路可走的情况下。恐惧会使你的思维变得狭隘。所以，你必须强迫自己构建一个替代方案，即使是一个糟糕的方案也没关系。结果是，你将变得不那么焦虑，并可以利用自己的人类智慧进行更广泛的思考。同样，这会减少你的恐惧，并让你比以往创造出更多更好的选择。

一旦明确了几个战略选择，你就应该开始批判性地评估它们。你应该确定每个战略选择背后的关键预设是什么。

比如，特定商业模式可能会带来特定的技术革新。再比如，人工智能的广泛使用可能需要对公司的数据基础设施进行改造。一旦认识到这些预设，你就可以评估它们的有效性。在这个过程中，你能明白哪些选择最有可能获得成功。这样的甄选会增加你对最终决策的信心并确定这是所有你能想到的选择中最好的。

### 为每项选择确定最有影响力的最小行动

无论你做出哪个选择，都需要采取若干行动来打造智能平台：你需要投资多个模块的技术研发、进入多个市场、招募新人才、引进新产品，等等。这些可能会令你不堪重负，并逐渐感到疲惫和新的恐惧，即便你一开始显得踌躇满志。

因此，采取能产生重大影响的最小行动至关重要。这些行动的成本和风险相对较低，因此不会引起过度恐惧。同时，它们能激发人们产生更多的正能量。另外，它们也应当成为你下一步行动的铺路石。

因此，为了完成把管理者的恐惧转化为力量的一系列操作，你需要建立一条从现实到目标的路径。关于制定完整的策略，可以使用我们在第六章"创造惊喜"中介绍的方法，以及我们在第三章中介绍的回溯法。要将恐惧转化为力量，你需要记住以下基本要领：设想实现选择所需的一切重要步骤；思考如何以不同的顺序开始；确定从哪一步开始小行动，以产生最大影响。

例如，利乐（Tetra Pak）为食品和饮料行业提供解决方案和服务。它创造了制造即服务（manufacturing-as-a-service）的愿景。为此，利乐需要工厂提供更准确的数据。2019年，作为实现这一愿景的第一步，它推出了零售端B2B电子商务平台——更多详情见第三章"专注于行动并打造社群"。

这种方法不仅减少了行动初期的恐惧，也制造了较强的连续性。因为它将新平台带来的身份认同威胁降至最低。此外，当你提前识别潜在的拐点和路径时，任何与决策相关的恐惧都会显得微不足道。你还可以设想每一步之后的多种可能。

### 尽早与潜在合作伙伴取得联系

与传统商业模式相比，平台模式的一个主要不确定因素是合作方的参与。网络效应在平台上产生价值，但没有合作方的话其价值就会为零。此外，你事先无法知道该合作伙伴在以后是否会继续产生价值。

为了减少这些不确定性，并把相关的恐惧转化为力量，你应该尽早接近潜在的合作伙伴。双方在互动时，你会感觉到对方是否会加入平台，以及是否有能力作出实际贡献。

你们不需要正式谈判，几顿简餐和几场头脑风暴就能帮助你们了解彼此的需求。如果你能够感觉到对方的诚意，便可进一步向其透露商谈的细节。

当你知道哪些合作伙伴有足够的热情及作出贡献的能力时，你对找不到合作方的恐惧就会相应减少，这能够释放你的能量，助你进一步构建平台和采取行动。

第五章"从'算法握手'开始"将讨论全球电梯制造商通力是如何创建合作伙伴计划，并通过 API 取得成功的。API 使通力及其合作伙伴的计算机能在没有人工参与的情况下实现交互，这彻底变革了通力对高层建筑客流的解决方案。

## 组织的恐惧：一成不变与消极抵抗

管理者的恐惧会导致决策失败，在组织中蔓延的恐惧则会导致僵化和阻力。由于害怕新技术和新商业模式，中层管理人员和员工会无意识地带着僵化思维和抵抗情绪扼杀企业的转型和发展。

21世纪初，美国主流报业公司看到了网络媒体带来的威胁。他们中的许多高管克服了恐惧心理，并在新媒体运营方面进行了大量投资。他们聘请技术专家和新员工，并推出网站端产品。不幸的是，如哈佛大学进行的研究所示，他们没有利用好最新技术的优势，而是简单地在网络上复制印刷报纸。这几乎就等同于新媒体部门拿了一份报纸的印刷版，扫描后上传到网站上。

这些报业公司的行为说明了企业在恐惧中的僵化思维。尽管报社员工想适应变革，但恐惧让他们故步自封，不敢创新进取。当他们感到害怕时，就会挖故纸堆、走老路。而恐惧一旦限制了人们的思维，即便公司启动变革计划、激励员工，也将无济于事。

许多组织目前正试图采用与21世纪初保守的美国报业公司相同的平台模式。他们希望与许多创新合作伙伴一起创建一个多边平台。尽管如此，他们也希望对合作伙伴和严格的线性流程进行分级控制。他们希望创建学习闭环，与多个合作伙伴一起利用大数据，但又拒绝与之共同分享数据。

2020年，迪士尼面向全球推出了流媒体服务"迪士尼+"，这比网飞晚了12年。其他传统媒体公司现在也在效仿网飞。但是为什么他们要花如此久的时间？因为他们既是成功者也是受害者，恐惧使他们的思维变得僵化，在为旧模式优化业务时，很难转向新模式。电影首先在剧院上映，然后在其他频道上映。然而，消费者习惯的改变对这种模式提出了挑战。

微软很早就接受了平台模式，并且做得非常成功。然而，当行业纷纷转向移动端和云计算时，微软仍在围绕Windows来优化一切，他们忽略了安卓和iOS平台。

恐惧也会产生负面的阻力，减缓你成为智能平台的速度。员工之间的争执是因为他们觉得自己的利益受到了威胁。哈佛大学对美国国家航空航天局（NASA）的一项研究表明：即使最聪明的人也会产生这种反应。

### 案例研究　NASA 内部的恐惧与阻力

美国国家航空航天局在2009年开展了开放式创新实践，以提高其生产力和解决问题的能力。此举本质上是把NASA

变成了一个向外部人员开放的平台，并把内部公认的问题交付外部解决。

然而，在传统意义上，该局有内部工作人员专门处理与空间任务有关的技术问题。工程师们以世界领先的问题解决者自居。对他们来说，向外部专家开放该局是一种威胁和侮辱。例如，创新部门负责人描述：

当工程师们被问到是否有研发问题要分享时，他们会说："你想让我承认有些问题我不能解决吗？"这感觉就像如果员工告诉我们他们解决不了问题，就会显得自己无能一样……他们会想："你们是要求外人（开放创新平台上的）为我们解决问题吧。"从肢体语言中，你可以看出他们对此很不爽。

尽管美国国家航空航天局计划向平台转型以提高其解决问题的能力，但多数有资历的老员工害怕并抵制这一举措。因此，他们拒绝与外人分享问题，或者只是象征性地分享简单的问题（研究发现，约三分之一的被调查员工反对这种新方法）。同样地，如果你建议将组织向外部专家开放，许多高层也会感到担心和被冒犯。

另一个值得借鉴的例子是百货公司，许多百货公司从创建电子商务平台中受益。最佳状态下，它们将把实体业务无缝地整合到在线业务中。然而，百货公司的员工可能会强烈反对网上经营，他们担心随着商业活动转移到网上，自己会丢掉工作。因此，许多传统的成功企业在向电子商务转型的过程中失败，而后来者们反而取得了成功。

## 如何将组织的恐惧转化为力量

不必害怕组织的保守和阻力。只需简单几步，你的问题就会迎刃而解。

> 将组织的恐惧转化为力量的步骤：
> 1. 让组织成员参与创建和评估方案。
> 2. 强调沟通的连续性。
> 3. 支持和促进学习。
> 4. 使用内部分析优化对转型时机的把握。

### 让组织成员参与创建和评估方案

一部分组织成员对于智能平台产生的担忧主要源于他们缺乏对平台的认知和理解。也许他们没有意识到迫使企业向平台转型的外部趋势和力量，也许他们对改变的真正动机产生了怀疑。但是如果你能让他们参与到战略思考过程中，他们的忧虑或许就会减轻。

你可以让组织成员参与转型过程的每一步，以减少组织的恐惧。你需要以足够轻松的方式操作，这样就不会拖延转型的进度或者出现泄露敏感信息的风险。当组织成员参与这一过程时，他们可以像高管一样经历同样的情感和认知成长。即使他们不参与最终决策，或者无法知悉所有的选择和数据，他们依然会成长。

在实践中，许多与我们合作过的企业都使用了以下几种方法：

（1）在转型早期进行沟通，目的是调查战略形势并考虑诸多选择。你需要兼收并蓄，博采众长，通过交流为组织建立心理上的安全感。

（2）在企业内部宣讲和论坛上分享关于外部趋势和竞争形势的信息。你也可以让组织成员协助你进行SWOT分析[①]。你需要提醒人们，在下结论之前了解现实是有益的。通过这种方式，组织的正念将得到加强。

（3）邀请成员为公司提供有价值的平台和战略选择并提出建

---

① SWOT分析：基于内外部竞争环境和竞争条件下的态势分析，就是将与研究对象密切相关的各种主要内部优势、劣势和外部的机会和威胁等，通过调查列举出来，并依照矩阵形式排列，然后用系统分析的思想，把各种因素相互匹配起来加以分析，从中得出一系列相应的结论，而结论通常带有一定的决策性。——编者注

议。这可以通过研讨会或在线的方式进行。当他们看到同事分享的多种选择时，他们就会明白自己的想法并不是唯一出路，并更愿意改变自己的想法。

（4）组织企业论坛、关键工作坊和在线调查，以确定每个战略选择的基本假设。通过这种方式，你可以进一步帮助组织成员了解战略形势的复杂性，并丢弃守旧、僵化、引发反抗的看法。

（5）要求员工针对一系列选择制订有效的行动计划，使他们更习惯于采取行动，从而减少转型过程中可能产生的冲击性阻力。

### 强调沟通的连续性

任何激进的变化，都会带来恐惧感。因此，与其在交流中强调变化，不如强调那些不会发生变化的事情。这会制造一种连续性，让人们有安全感。尽管每天都会出现一些新的麻烦，但大部分的企业活动依然会如常展开，这让平台战略不会显得那么可怕。相反，它新奇的方面会令人感到兴奋。

当流媒体作为一种新的商业模式出现时，网飞正在经营DVD租赁的业务。它预先看到了商机，其首席执行官勾勒了一个长期愿景，即平台的计算能力和连接能力发展到足以支持转型的水平只是时间问题。网飞提前部署了转型，将DVD租赁业务进化为互联网媒体业务，将其DVD业务的商业模式从单一租赁转变为订阅。因此，引入流媒体业务并不是对网飞的颠覆，这只是当前业务的延续。

在将手机业务剥离给微软后，诺基亚采用了这种方法。这对公司来说是一次彻底的战略变革。在内部交流中，诺基亚反复强调了其150年的历史以及多次自我更新的经历，并创造了"改变基因"这个术语。员工对诺基亚不再是一家手机公司并不感到难过。相反，他们对变化后更抽象的组织新身份感到骄傲。

以美国国家航空航天局为例，职业认同制造了连续性。许多公司工程师从问题解决者变成解决方案的寻求者，开始重新规划他们的工作。他们总能找到与太空旅行相关的最具挑战性的基本问题的解决方案。一直以来，工程师会花很多时间在内部寻找解决方案，而在变革之后，他们也会从公司外部探索替代方案。因此，即使出现了变化，他们自身的身份认同也没有发生本质改变。因此，对他们而言，威胁也会更小。

### 支持和促进学习

一旦开始着手打造平台商业模式和基于人工智能的学习闭环，员工们便需要开始学习新东西，其中可能面临的挑战包括控制供应链到协调合作方。此外，与人工智能软件交互会使员工产生学习焦虑，即担心自己无法达到公司和同事的期望等。如果这种焦虑程度加剧，人们就会出现思维僵化和排斥变革的行为，甚至有辞职的倾向。

不要通过给员工增压这种方式来解决问题，而是要设法减少组织中的学习焦虑。你要明白，问题不在于员工不想学习（在这种情况下，压力会激励他们），而在于他们觉得自己做不到。为了减少员工学习的焦虑，应该以多种方式支持和促进他们学习。

一个好的做法是保持学习需求与支持的平衡。专注于必要的技能。理想情况下，你应当让员工循序渐进地学习。员工可以学习一部分技能，将其付诸实践，待其程序化后，再学习新的子技能。

公司及其员工需要更加了解人工智能。因此，他们需要开展教育和培训。德国能源公司康采恩（E.ON）就是一个很好的例子。该公司为提高员工的数据和人工智能素养做出了不懈的努力。它组织了关于可视化和与公司内外数据交互的培训。此外，它还委托优达城（Udacity）颁发机器学习、计算机视觉和深度强化学习方面的纳米学位。

有了对人工智能的正确理解，康采恩重新定义了公司的价值库，以发现人工智能提供的最重要的机会，例如智能资产和网络以及人工智能辅助的能源经济。人工智能不仅仅是技术，它还能驱动有形的价值。

除了帮助员工掌握新技能，你还需要帮助他们理解新的商务模式的逻辑。员工通常看不到智能平台在系统层面上优化绩效的整体价值，而只能管中窥豹。因此，他们可能会觉得组织所要求的行动是不必要的，甚至是有害的。例如，他们觉得接入更多客户及其活动信息是一种浪费。他们看不出这些信息对组织中的其他业务有什么好处。

为了避免员工对组织优化的逆反，你需要从不同的时空维度展示不同要素。了解全局可以让员工了解人工智能和平台的使用情况。将激励机制与优化全局的新目标相结合也会对企业有所帮助。你应该奖励员工们对人工智能和平台使用做出的有益行为，而不仅仅是本地化结果。

**使用内部分析优化对转型时机的把握**

当人们基于对象的情绪和偏好进行沟通时，才是最有效的。传统上，一个组织在沟通上的变革依赖于中层管理人员如何将首席执行官想要传达的信息"定制"给员工。相比之下，首席执行官们的沟通方式一直大同小异。然而，如今的人工智能和其他工具可以让领导者更有效地进行沟通。

例如，企业可以使用 Moodmetric 或类似的可穿戴设备收集并跟踪员工每天的情绪与状态。他们或热情洋溢、活力充沛，或心情布满阴霾。这些数据可以用来判断人们是否对某一天的变化有特别的情绪，并有助于你选择沟通和行动的最佳时机。例如，你可以将传达具体调整的沟通期限设置为一周，如果员工的情绪在某一刻比平时积极，你就可以启动对话。

通常情况下，管理层会努力跟踪项目进度。他们会努力与进度、风险和变化保持同步。如今，人工智能赋能的项目管理工具正在兴起。

人工智能团队和相关的个人可以共同跟踪转型计划中的进展，并为其定制相应的行动和沟通力。例如，一些个人或团体已经采取了变革所需的新行动，他们喜欢更积极的沟通，并关注下一轮的变化和未来的挑战。相比之下，另外一些个人和团体还在早期的计划中埋头苦干，对他们而言，额外的资源支持、结构调整、管理人员承认不利影响等举措可能是更好的激励。

预测分析可以让你更主动地管理变革。你甚至能够在妨碍因素影响业务环境之前，系统性地进行预测。例如，通过监控员工电脑的活动，公司发现其茶歇时间比以前延长了几分钟，或者与工作无关的网站流量增加，这些都是变革实施过程中动机减弱的早期预警信号。如果领导者发现了诸如此类的信号，便可以修改行动计划和沟通方式，从而做到未雨绸缪。

## 合作方的恐惧：质疑与不信任

智能平台的创建，需要用户和其他公司的加入。这一点至关重要，因为网络效应是平台价值的驱动因素。此外，为了支持人工智能赋能的学习闭环能够最大化持续改进，平台需要获得尽可能多的来自合作伙伴的数据。然而，潜在合作伙伴的领导者可能会担心，他们投的钱可能会打水漂或者都被你赚走了。

例如，B2B平台需要吸引供需双方加入。当利乐推出全新的市场服务计划时，它必须说服第三方供应商加入。

即使领导者相信某个平台会成功，他们也不信任平台所有者。他们认为自己即使加入一个成功的平台，也不会从中获得足够多的利益。他们认为平台的其他成员会比他们更受益。

例如，诺基亚在2010年曾面临进退两难的境地，当时，它不得不在安卓和Windows之间做出选择，将其作为诺基亚智能手机的新平台。当时安卓平台的市场份额最高，对诺基亚而言，选择安卓平台会是一记"安全球"。相比之下，Windows只占有0.6%的市场份额，人们也不确定它是否会成为主流。

当时，许多局外人认为安卓是诺基亚的必然选择，但诺基亚自己并不这么认为。如果加入安卓平台，诺基亚将不得不接受该平台的规则。诺基亚并不认为这些规则有吸引力，因为谷歌是其平台打造的应用生态系统的得利者。此外，谷歌对安卓生态系统中的每一家公司都一视同仁，这使他们认为诺基亚会沦为手机的硬件设计商，而且诺基亚使用的操作系统（大致）与其竞争对手相同。诺基亚的领导者担心，安卓生态系统的竞争会挤压他们的利润，而谷歌则会从诺基亚的加入中受益。因此，诺基亚选择了

Windows，但令人失望的是，诺基亚的时代因此被终结，此后迅速败落，而微软的手机生态系统也被淘汰。

当数据需要广泛共享以加速人工智能的嵌入时，合作伙伴之间的信任尤其重要。然而，人们经常发现与其他公司共享数据并非易事。例如，一家为工厂开发预测性维护方案的公司很难访问其所需的数据，原因是它的客户认为共享数据会使他们的竞争对手更强势、更有可能从中受益。

## 如何将合作方的恐惧转化为力量

你可以采取一些行动，把合作方的恐惧转化为力量，这样他们的恐惧不但不会产生阻力，反而可以激发大家共同协作，加速平台成功的进程。

> 将合作方的恐惧转化为力量的步骤：
> 1. 尽早建立关系。
> 2. 与已有成员沟通清晰的愿景。
> 3. 营造积极的情感体验。
> 4. 保持良好合作态势。

### 尽早建立关系

人们对陌生人的提议持怀疑态度——通常是有充分理由的。因此，当你开始与潜在的合作公司谈合作时，应该确保自己不再是陌生人。你可以通过多种渠道让别人知道自己，正如斯坦福大学对硅谷成功风投企业的研究所发现的一样。

（1）积极沟通并分享关于你的领导力的故事。你在一个地方越经常出现，就会有越多的人熟悉你的面孔（或公司标志）。心理学研究称之为"单纯曝光效应"。人们开始信任他们经常见到的这类人和实体，即使他们没有互动或进一步了解。从生物学的角度，这是有道理的，因为每一次没有敌意或发生攻击的相遇都可以成为你不是捕食者（危险人物）的证据。

（2）提前寻求帮助和指导。其中一项最惊人的发现是，那些在早期寻求帮助和指导的公司被认为比其他公司更积极。当被征求意见时，人们会感到受宠若惊。另外，适当的恭维也会使被寻求建议的人产生积极的情绪。

### 与已有成员沟通清晰的愿景

其他公司没有加入智能平台有诸多原因。例如，他们可能认为平台会失败。你可以通过展示强有力的愿景来减少他们的担忧。此外，之前大量已经加盟的公司也能增加你说服其他公司加入智能平台的概率。

皮娜·奥兹坎和凯瑟琳·艾森哈特在斯坦福大学进行的研究表明,积极勇敢的沟通有助于公司成功结盟。这些公司会构想出一个成功的关系网和行业结构。然后,他们会推销自己的目标,并一次性地说服多个合作伙伴。他们向人们保证已有其他公司加入其计划,这让他们的创新看起来正在成功。他们对遇到的每一家公司说:"看,所有其他公司都已经加入我们了。"这一做法立竿见影,令他们获得了大量的支持。

相比之下,不太成功的公司尽管也在拉拢潜在的合作伙伴,但却没有明确向潜在合作伙伴传达他们的愿景。因此,潜在合作方不会很看好他们,因此也不太可能加入,平台也不太可能成功。

2020年,亚马逊公司的新标识传达了其大展宏图的愿景。从a~z的箭头表明亚马逊可以提供一切。亚马逊很自信,它甚至帮助其竞争对手提高了短期收入以说服其加入。玩具反斗城(Toys "R" Us)、博得公司(Borders)和折扣零售店塔吉特(Target)等品牌都想加入其平台。此外,它还承诺分享统计数据以吸引较小的第三方卖家加入。

### 营造积极的情感体验

当人们对某人产生积极的情绪时,他们会把这些情绪和那个人联系起来。因此,如果你能让潜在伙伴在互动中体验到某种积极的情绪,他们更有可能对你感到满意,从而把恐惧转化为合作的力量。

> **案例分析　产生积极情绪激励合作**
>
> 维尔塔(Virta)是欧洲的一家成功的初创公司,着力于开发电动汽车充电生态系统。
>
> 公司成立后的前几年,该公司的联合创始人朱西·帕洛拉(Jussi Palola)和埃利亚斯·帕里(Elias Pöyry)造访了许多潜在的战略合作伙伴公司,并始终致力于引起人们对电动汽车行业的积极认可与关注。他们经常邀请人们试驾电动汽车,感受它加速的平顺。当时电动汽车还处于研发早期,因此,对许多人来说,这是他们第一次接触电动汽车。
>
> 因此,人们感到异常兴奋,这带来更多的潜在合作机会。
>
> 维尔塔有意制造的情绪体验推动了公司的效益和成功。它是充电行业中第一家被纳入 2020 年英国《金融时报》增速1000 强的公司。到 2021 年,该公司已在 30 个国家开展业务。
>
> 除了在早期创造愉快和激动人心的情感体验,维尔塔还系统地考虑了合作方的观点。它的商业模式依赖于能够安装并拥有充电站的当地能源供应商。维尔塔为其提供了电动汽车充电服务的运行平台,并通过展示自己的品牌优势来激励

和赋能合作伙伴。维尔塔将自己置于幕后,而将构建充电基础设施的合作方置于台前,此举令后者感受到了尊重。

此外,维尔塔还努力为其合作伙伴打造顺畅的合作流程。一旦潜在合作方产生兴趣,他们可以立即行动起来,让合作方没有任何麻烦或后顾之忧。维尔塔提供的服务包能够让合作方无缝接入其平台,该服务包涉及其业务概念、关键流程与技术和客户关系管理等方面。

苹果、谷歌和其他依赖于许多外部开发商的公司,也试图以各种方式营造兴奋感,这些举措往往包含着幽默和激动人心的演说。"还有一件事"——乔布斯总把这句口头禅作为结尾(在这句话后面,苹果往往会发布重要新闻)。在苹果发布会上,史蒂夫·乔布斯总能把枯燥的产品介绍变成震撼性的媒体奇观。

他们免费分享许多东西(如T恤之类),以取悦用户,使其建立对公司的认同感。他们还免费分享更多的设备资源,例如开放的人工智能和机器学习软件资源,以建立用户信任和加快创新。开放资源有助于建立与客户和小开发商的共鸣。其中一个典型的例子是谷歌团队打造的开源机器学习平台TensorFlow。

## 保持良好合作态势

智能平台得益于各方之间的结构化交互。人们只要见过一次面，就会建立联系。如果你在做的是联合项目，这是一个好的开始。但平台如果想要正常运行，就需要反复的互动。

因此，你应该设计各种各样的活动，能够让公司和合作方共同参与。活动可以是相对简单的事情，如合作营销或共同开发一个功能。每一次这样的互动都能拉近双方距离，并强化联系。当合作成为习惯，大家就会开始自发地把对方当成伙伴。自然而然地，他们对合作的投资也会越来越多。

例如，谷歌打造了庞大的开发者生态圈，这些开发人员不直接为谷歌工作，但他们使用谷歌的产品或平台进行研发并为其发展作出了贡献。为了保持开发人员与谷歌生态系统的联系，除了频繁的在线交流，谷歌还为他们组织了各种全球化和本地化的活动。这样的互动方式加强了开发者对谷歌及其生态圈的认同和坚定信心，也激发了他们对谷歌工具使用的新想法，增加了谷歌生态圈的更多可能性。

## ☑ 要点回顾

恐惧会阻碍面向智能平台的战略转型。人们感到恐惧是因为平台逻辑和人工智能的使用包含了各种不确定性，它们挑战了旧的传统，降低了组织的控制力，并威胁到我们的个人身份认同。管理者的恐惧往往会导致组织瘫痪或恐慌。组织的恐惧则导致了僵化和消极抵抗。合作伙伴的恐惧导致他们拒绝加入平台，其表现方式是怀疑和不信任。

然而，恐惧并不一定会阻止平台走向成功。请回想以下问题，它们将帮助你认识到在组织中的潜在恐惧，并将它们转化为力量。

## 管理者的恐惧

- 平台模式和人工智能是如何挑战你的管理团队的设想和身份的？这让你和团队成员感觉如何？
- 如何才能让高管大胆讨论、畅所欲言，并对前景充满激情？
- 你能为平台转型和嵌入人工智能提供哪些方案？其中最吸引人的方面是什么？
- 对于每套方案，你是否考虑过如何迈出第一步以接近潜在的合作伙伴？

## 组织的恐惧

- 组织表现出了哪些与平台和人工智能相关的恐惧、僵化和抵触的迹象？
- 组织成员如何为方案创建和评估作出贡献？
- 如何在组织中支持学习？如何向人们传达当下的技能与活动在未来仍然有价值？

- 知道你的组织成员什么时候感到动力不足,什么时候感到兴奋吗?如何更好地实时跟踪他们的感受?

### 合作方的恐惧

- 潜在合作伙伴对平台有什么担忧和疑虑?
- 你是否与潜在的合作方建立了非正式的信任?
- 如何传达自己的领导力和远见?如何让潜在的合作方感受到兴奋和积极的情绪?
- 如何与那些已经表现出兴趣的伙伴保持并加快合作势头?

# 第二章

## 消除阻力

当汤姆搭建新房子的木框架时，射钉枪发出了声响。紧接着，声音消失了。原来是射钉枪坏了。"糟了，要找到一个新的射钉枪会花费很多时间和精力的"，汤姆想。

但是，别担心，电动工具巨头喜利得（Hilti）的车队管理部门可在数小时内交付新工具。射钉枪内部安装了通信芯片，因此可以被轻松识别和定位。这样一来，更换损坏的工具就成了一种无阻力的体验。人们无须担心工具损坏，也无须花费时间寻找替代品。在未来，人工智能甚至可以在发生故障前就预测性地安排工具维修，同时直接向施工现场的工人提供合适的替代品。

我们的研究表明，平台的成功始于企业具有识别高阻力行业和流程的能力。平台公司专注于消除这种阻力以降低交易成本。消除阻力使人们更容易获得服务，也能释放新的价值并颠覆现有的体系。

喜利得是创造无阻力体验的先行者之一。早在2000年，它就为建筑行业推出了喜得利机队管家服务。客户无须购买工具，而是每月仅支付一笔费用，就可使用设备，并获得快速维修、工具跟踪等服务，以确保客户无障碍使用设备。

喜利得的机队管家服务降低了交易成本。交易成本是指为购买或使用产品或服务所花费的金钱、时间和精力。较之前相比，喜利得的客户寻找合适的工具所花费的时间减少了，他们为此消耗的精力也减少了。客户可以放心使用各种设备，因为他们知道，当工具损坏且需要维修时，他们不会浪费宝贵的时间。喜利得可以跟踪工具的使用情况，确保正确及时处理问题。

本章将讨论消除阻力对平台的助力。降低交易成本可以消除阻力。如果交易成本太高，客户将不会购买你的产品或服务。即使他们喜欢你的产品以及它的价格，购买行为也会花费太多精力。

接下来，我们将讨论3种类型的交易成本。

- 搜寻与精力成本。
- 不确定性与焦虑成本。
- 机会主义相关成本。

我们将概述解决这些问题的概念和流程，还将展示智能平台如何从数据中学习，从而减少阻力。最后，我们将解释智能平台同时解决这三种成本问题，从而创造无阻力体验的方法。通过这些方法，智能平台可以创造奇迹，提高用户体验的标准并颠覆行业水平。

## 阻力创造机会

阻力表现为交易成本。交易成本是指进行经济交易时所涉及的任何成本。例如，在运输货物时，除运输本身费用外，还会存在其他交易成本。交易成本可以是货币，例如通过中介公司预订卡车的佣金，也可以是更抽象的概念，例如为达成交易所消耗的时间和精力。

交易成本是一个普遍的概念。然而，由于以下两个原因，它在平台业务中有着非常重要的作用：首先，平台往往比其他公司更具优势，因为平台商业模式可以大幅降低交易成本。因此，它们可以实现更高效的组织。想象一下优步是如何颠覆低效的出租车公司的模式的。现在你只需点击几下手机即可预约一辆出租车，你将乘坐的车辆型号和司机及确切到达时间等信息都一目了然，这些都会让你安心。你也可以想象一下爱彼迎是如何将房主和旅行者联系起来，并创造出一个全新的市场的。

其次，创建顺畅的交易流程对于找到关键客户群来说至关重要，也有助于平台的成功启动。新客户能够便捷地接入平台是尤为重要的。如果客户需要输入的内容太多、等待时间太长或不确定注册的东西是什么，那么你就已注定失败，因为其他服务平台能够提供更快、更方便的体验。

许多行业都有既定的行事方式，这是行业传统智慧的一部分。其实，我们知道事情还可以做得更好，但我们总是接受现状，直到有人提出质疑并尝试改变这一切，就像百视达（Blockbuster）的命运一样。曾经音像店的DVD租赁业务非常流行，但突然有一天，它不再是主流。网飞为其客户观影创造了一种流畅的体验模式。客户期望的变化最初始于B2C平台，但现在我们看到许多B2B平台也已经被颠覆了。

想要通过平台获得成功，你需要在客户体验方面做出重大改变。例如，在中国的线下商务中，信用卡系统不像西方国家那么发达。为了促进线下商务发展，阿里巴巴集团推出了支付宝业务，消费者可以通过扫描商家提供的二维码进行支付。由阿里巴巴拆分出来的蚂蚁科技集团由此迈出了平台化的第一步。

亚马逊很早就意识到，它需要减少电子商务领域的阻力，以解决人们需要等待很长的时间才能收到购买的商品的难题。因此，它推出了能够将商品次日送达甚至当日送达的亚马逊金牌服务（Amazon Prime）。

智能平台不会满足于一次性减少阻力。他们会不断分析数据，从而持续减少阻力。随着优步的追踪和地图绘制能力的强化，你下一次使用优步时，其流程将比上一次更快。此外，由于客户不断地反馈使用体验，你的优步司机也将比上一个更加优质。

区块链、人工智能、物联网、射频识别、无人机、机器人、增强现实和虚拟现实等流行语被大肆宣传，人们称其能够颠覆每一项业务。这让许多公司及其领导者过于专注于内部开发、获取特定技术或投资初创企业。很多时候，这会导致人们对变革的期望过高。经过几个概念验证项目后，人们最初的热情会逐渐消退，并将注意力转移到下一个技术上。

但是，将新技术视为减少阻力的推动因素依然是正确的。想一想网飞是如何将连接性和计算能力视为流媒体的推动者的。他们一直在等待合适的时机，他们不鸣则已，一鸣惊人。

射频识别标签可以识别和跟踪实物产品。智能标签中录入的数字资料可以被无线电波读取。这一技术令喜利得可以实时跟踪电动工具的使用情况并预测每个施工阶段所需的工具。这样一来，他们就可以在正确的时间和位置分配正确的设备，并为建筑工地打造工具计划、优化产品配置。

无人机同样减少了获取信息的阻力。过去，人们要想拍摄航拍照片和视频，需要用到直升机。而现在，人们可以使用无人机来调查农作物、田地、森林、油管、风车和其他重要的基础设施，耗费的人力和物力成本都有所减少。收集的数据还会产生网络效应。每个新客户都会带来新的数据，这些数据可以用来训练人工智能模型。因此，人工智能模型可以不断改进其预测设施故障的方式。

技术进步让社会变得更快、更简单。它消除了中介，为整个网络带来了新价值。所有这些技术都降低了交易成本，并推动了平台的成功。

接下来，我们将详细讨论每种类型的交易成本以及如何减少和消除它们。

## 搜寻与精力成本

请你把自己想象成一名工程师，你正在修理工厂中的故障机器。设备发出轰鸣声，你将问题确定为液压泵损坏。不幸的是，现场没有备用零件，而且制造液压泵的公司几年前就已经破产了，现有的常规备件渠道中也不再提供此类液压泵。

这时，你需要一个类似的液压泵，而且十分着急，因为机器每停工一小时，就会造成 2 万美元的损失。你尝试使用谷歌浏览器搜索液压泵，找到了几个产品来源，但每个网站都没有说明他们售卖的液压泵是否可以替代你损坏的液压泵。他们也没有提供任何有关交货时间的准确信息。

你开始给这些公司打电话，想要获取更多信息。第一家公司有人接电话，然后他们将电话转给另一个人。此人告诉你他们的液压泵不兼容。第二家公司接电话的人查看了手册并最终告知，他们的液压泵也不合适。打电话已经花费了 3 个小时，你的公司损失了 6 万美元。

最后，第三家公司告诉你他们的液压泵可能适合你的需求。你松了口气，但另一个问题又出现了。该公司将液压泵存放在仓库里，只有一个库管员能够找到正确的液压泵，而他在休病假。因此，你需要自己开车到仓库，找到并取走液压泵。往返路程一共 200 千米，单程需要花费 3 个小时。你算了一下，机器停工的总成本已经接近20万美元。这时，你已经浪费了一个完整的工作日，用于寻找并取得合适的备件。

这个例子说明了我们所说的搜寻与精力成本。这些成本是你的客户为查找和获取你的产品或服务而产生的。即使客户喜欢你的产品，这些成本也会将他们推远。

搜寻成本产生于所需的产品或服务不容易获得的时候。在这种情况下，人们首先需要寻找该服务或产品的供应商，而这个过程可能会花费大量的时间和金钱。例如，当一家公司想要找到一位经验丰富的新员工执行一项关键任务时，通常需要经过数周的努力才能找到合适的候选人。这种搜寻成本甚至在签订劳动合同之前就发生了。

精力成本则是指由于进行交易而发生的成本。精力成本可以是到商店购买产品所需的路程或在线传输内容之前所需的点击和输入工作。

当交易成本高于产品或服务的价值时，人们在购买该产品或服务时可能会更犹豫。比如说，你心仪餐馆的一次餐费只需花费30美元，但你去那里就餐的往返车费就需要40美元。在这种情况下，交易成本已经高于预期的餐费。因此，你可能会选择不在那里就餐，因为相对于餐馆提供的愉悦感和美食而言，前往就餐的成本太高了。再举一个例子，如果你购买某款手机游戏时需要复杂的登录流程和多次点击，那么与游戏带来的乐趣相比，购买和注册所消耗的精力太多了，因此，你极有可能不会购买这款手机游戏。

## 如何降低搜寻与精力成本

即使客户很喜欢你的平台，搜寻和精力成本也会使他们在使用的时候遇到困难。客户的总成本不仅仅是他们直接支付的钱，还包括他们参与你的平台所花费的精力，以及与该精力相关的其他费用。为了最大限度地提高客户参与度，你需要最大限度地减少这种额外的阻力。以下步骤将为你提供一些指导。

> 降低搜寻与精力成本的步骤：
> 1. 通过市场整合供需。
> 2. 打造智能化供需匹配平台。
> 3. 减少客户的决策次数。
> 4. 赋能闲置资产并减少对资本的需求。
> 5. 利用技术实现自动化，打造流畅体验。

### 通过市场整合供需

市场是买卖双方沟通和交易的平台。在过去，买卖双方交易的市场往往位于城镇的市集中，但如今数字化提升了交易的便利性、速度和规模。数字市场整合了分散行业的供需，降低了搜寻与精力成本，正如亚马逊和阿里巴巴所做的。市场也将房主和旅行者联系起来，催生了诸如爱彼迎这类新型平台公司。

消费者推动了第一波市场整合。然而，同样的现象也存在于B2B市场。商业用户也想要简单的用户体验，就像他们已经习惯使用B2C服务一样。因此，通过市场整合供需为企业提供了充足的商机。

利乐公司为食品和饮料行业提供解决方案和服务。2019年，利乐推出备件及耗材B2B平台，这一平台已为全球5000家工厂提供设备。在传统市场上，有大量供应商提供备件和消耗品。因此，工厂会面临选择与协调问题。他们缺乏专门下订单的核心渠道。这就是利乐公司不断创新，寻求更好的解决方案的原因。

对其客户而言，利乐公司是他们最大的供应商之一。但是，他们也从会其他公司进货。他们希望有一个一站式采购平台，而利乐公司的B2B平台及时调整，提高了服务的速度、便利性和透明度。在这种模式中，利乐公司没有任何仓储压力。相反，订单都由平台上的卖家保存和处理，然后根据客户的需要发货。利乐公司则根据服务水平对这些订单进行监控。

## 打造智能化供需匹配平台

在整个人类历史上，满足供需关系一直是主要的经济挑战之一。有人能够找到解决方案，但有人还没有找到——而大多数情况下，这两类人群并不了解彼此。在过去，市场上的供需双方往往是在露天市集或出租车站点这样的特定地点偶然遇见对方的。

随着数字市场的兴起，更加智能化的平台可以大幅度降低搜寻成本。人们可以在数字市场上交换供需信息，算法也能够为我们匹配到合适的交易对象。

智能化供需匹配平台确实非常智能，它无须客户参与其中，而仅通过算法和数据就可以确定供需双方之间的匹配度。

在Upwork平台，个人或公司可以轻松聘请自由职业者。你也可以在这个平台上找到兼职，为他人提供服务，开始挣钱。我们称这种形式为零工经济。Upwork平台的算法可以实现雇主和雇员的配对，快速找到所需岗位的合适人选，从而降低搜寻成本。该平台设置有评级系统，优质的雇员或雇主很快就会脱颖而出，这进一步减少了交易的阻力和搜寻成本。

要实现智能化匹配，你需要认真思考平台潜在客户面临的挑战。你需要找到某一特定人群或公司的产品及服务需求，然后评估客户在查找和使用这些服务或产品时的阻力。那些阻力最大的地方，就是平台的商机所在，平台可以优化这些环节的供需匹配。

同时，你也需要考虑另一方面：市面上的供应商在提供什么样的服务和产品。他们如何找到客户？他们是否需要以更轻松的方式找到更多的客户？同样，如果提供服务或产品的供应商在销售过程中遇到阻力，你的平台也可以帮助他们改善这种情况。

在找到产品或服务的潜在消费者和供应商后，你需要思考如何实现出色的供需匹配，哪些参数可以作为衡量标准来预测特定的客户是否会从特定的供应商处获益，以及这项交易对供应商而言是否具有吸引力。

### 案例分析　古比（Gubbe）如何匹配养老供需

为进一步阐释智能化供需匹配，我们可以参考古比的案例。这是芬兰的一家养老服务初创公司。其公司创始人发现，老人可以从与他人的定期互动中受益良多。互动能够改善这些人们的认知功能、调整情绪，有利于身心健康。然而，许多老人与子女相隔较远，他们的朋友数量也有限，而这些朋友通常又不能走动。因此，老人常常会感到孤独。他们有互动的需求，而强大的阻力使他们的需求无法得到满足。

另一方面，年轻人通常希望体验更有意义的人生。为了学习和工作，他们有可能会搬到一座新的城市，但初来乍到的他们往往缺乏重要的代际互动。此外，他们可能还需要更多的现金。因此，为老人提供帮助可能会给他们带来心理上的安慰和经济上的收益。然而，找到一个可以进行志愿工作的地方往往并不容易。他们可能必须在某个养老院注册，或者承诺始终参加某项志愿活动，才能够将工作稳定下来。因此，这些阻力限制了他们想要帮助老人的愿望。

古比为老年人和年轻人搭建了一个配对平台。通过这个平台，老人的亲属可以代表老人邀请一位年轻人来陪伴他，他们可以玩游戏或者散步。年轻人也可以注册为志愿者，在平台上等待邀请。古比精心挑选了几个参数，平台对这些参数以及用户位置的分析可以确保其匹配安全、合适。

你还可以将智能化匹配供需概念应用在B2B商务模式中。例如，备件平台业务可以满足客户管理设备配置的需求。智能平台知道哪些零件是必须常备的，它可以通过设定相关参数来实现匹配优化。B2B业务绝不仅仅是我们常见的电子商务网站，而是一个更加智能的平台。平台业务简化了流程，减少了重复的已知内容的需求，也降低了搜寻与精力成本。

人工智能还能进一步完善智能匹配的算法，并创建学习闭环。每次匹配都会产生新的数据，这些数据可以用于训练和改进人工智能算法。我们将在第四章对学习闭环进行更详细的讨论。

### 减少客户的决策次数

客户一旦选择了你的产品,他们就希望该产品不会带来额外的麻烦。然而,许多公司仍然要求他们的潜在客户在完成交易之前进行大量选择并考虑大量细节。

通常,这些额外的思考需要花费客户大量的时间。当他们做出这些选择所需的背景知识有限时,他们就需要更加仔细地考虑这些选择,这需要客户付出大量精力。

为了尽可能减少客户需要花费的精力,你可以提供一个适合大多数客户的默认选项。

> **案例分析 维尔塔简化了用户的决策流程**
>
> 不少能源公司、充电设施公司和其他利益相关方对设立电动汽车充电站很感兴趣。但是,建立一个充电站需要重重决策。它们包括与充电解决方案、充电过程中的客户体验、运营充电站的商业模式和流程、安装过程等问题相关的多项技术决策。如果你是经理,工作繁忙,这些要花费大量时间和精力的决策则会让你不知所措。你可能会想处理更紧急的任务,而不会为了做出所谓"正确"的选择而花费更多时间研究关于充电站的细节。
>
> 为了最大限度地减少充电站运营的阻力,维尔塔打造了

> 一个类似于亚马逊的一键式解决方案。作为充电设施公司或其他利益相关方的代表,你可以联系维尔塔公司,他们将为你提供现成的配套服务,包括安装充电桩并将客户公司的徽标贴在充电设施上,让客户一眼就能看到。这种做法既消除了阻力,也令你有了自己的专属充电站。
>
> 同时,维尔塔公司还为电动汽车驾驶员提供了配套服务,使之能够轻松使用充电站。通过这种方式,维尔塔以最小的阻力将充电设施公司或能源公司与电动汽车驾驶员联系起来。

为了最大限度减少客户需要做出决策的次数,请遵循以下原则:

● 简化用户的首次使用流程,使其在注册时填写最少量的信息,并减少所有不必要的程序。

● 避免画蛇添足,如果 1.0 版本还卖得动,那就别开发 2.0 版本。

● 与其提供大量功能,不如专注于可以大量获客的关键功能。

就像第三章中讨论的那样,在平台启动初期,用户所需的决策次数越少越好。

### 赋能闲置资产并减少对资本的需求

世界正在向共享经济转变。绝大多数时间,人们的汽车都在闲置。优步允许一般车辆作为出租车提供服务。爱彼迎则意识到闲置房产可供旅行者使用。优步和许多其他公司锁定了人们的闲置资产以及将这些闲置资产派上用场的智能化方式，从而为那些需要这部分不易获得的资产的人们消除了利用闲置资产的阻力。

优步、爱彼迎等共享经济先行者的辉煌来自一次简单的洞察：他们可以提高关键资产的利用率。在这种模式中，这些资产对于平台来说（几乎）是免费的，因为平台不需要购买和拥有这些资产。例如，优步并不拥有生产资料，他们使用的都是优步司机自己的车辆。因此，平台不必为这些资产支付税款、利息和维护费。由于资产（几乎）免费，公司也无须担心会产生额外的资本投入。

你的平台同样可以使用闲置资产来减少人们生活中的阻力。从客户方面出发，你可以考虑他们最常拥有但却很少使用的资产。你能否找到一种方案，让你的平台促成这些资产的共享？或者是否有类似的资产也没有得到充分利用？你的平台能否促成这些资产被灵活使用？

有时我们无法识别未使用的资产。尽管如此，仍会有消费者不想或买不起东西。为此，一些公司承担了所有权风险并降低客户的初始资本，并就此开拓了其市场，例如喜利得从工具销售转向工具租赁、维护和管理服务。

通过轻资产化，你可以降低公司进入新领域的门槛。拿共享电动滑板车举例。人们在城市中出行很困难：汽车太拥堵，自行车太笨重，步行太慢。滑板车则提供了一种便利的解决方案，它可以在任何地方使用。你可以在任何地方取用共享滑板车，也可以把它们停在任何地方，你只需要在移动应用程序上付款就行了。

轻便、强大的电机和先进的电池技术使共享滑板车成为可能。然而，只有成熟的共享车辆平台才能创造出这项新业务，让共享滑板车成为人们出行的重要选择方式，比如德国 Tier 公司、瑞典 Voi 公司以及美国 Lime 公司。以前，人们想使用电动滑板车时，总需要考虑从哪儿才能弄到一辆，而且总得搬来搬去，而这些公司消除了这种阻力。人们不再需要花费精力寻找电动滑板车商店，也不再需要存钱去购买一辆电动滑板车了，这减少了搜寻与精力成本。

### 利用技术实现自动化，打造流畅体验

对于每个产生阻力的点，都有相应的减少阻力的技术解决方案。通过减少人们的人工或认知操作，技术可以使交易更加流畅。因此，你需要确定服务或产品中产生阻力的点，然后考虑如何利用替代技术使交易变得流畅。

例如，Deliveroo、Wolt、Delivery Hero 和 Just Eat 都提供外卖服务。这些公司消除了用户在家里的沙发上点餐的体验中的阻力，专注于让在线点餐和送货上门变得更加轻松。他们还使用移动互联网和全球定位系统来跟踪和优化送货路线，从而实现无缝衔接的服务。这些外卖公司消除了点餐过程中的阻力，人工智能也在

这些公司进一步优化运营的过程中发挥着作用。

技术进步也使得金融行业的交易更加顺畅。即使你已经找到一所好房子，准备完成交易了，买房子也是一件很麻烦的事情。你需要去银行签署一些文件，而这些文件通常需要卖家在同一时间签署。

DIAS 是芬兰的一家初创公司，它完全以数字方式为房主进行房产交易。DIAS 利用区块链将信息以分布式的方式存储在交易银行的数据库中。这种方法提高了平台的安全性和可靠性。买卖双方无须前往银行，即可分别核准交易。随后银行会完成转账，并由系统记录该交易。

印度初创公司 Paytm 为人们提供话费充值、水电费充值、旅行、电影、活动预订和店内付款等服务。这些服务都通过二维码完成。客户可以直接扫描二维码，然后在他们的移动设备上付款。

但二维码的使用并不足以消除阻力。我们仍然需要考虑整个价值链和消费者行为。在中国和印度，二维码被广泛应用于移动支付，但在西方国家并未普及。这种差异可能是文化上的，也可能与商业生态系统有关。在西方国家，商户已经拥有必要的信用卡支付基础设施，而在印度则没有。二维码提供了一种便利的无现金支付方式，使商户无须对信用卡支付的基础设施进行前期投资。

美国约翰迪尔公司是农业数字化的先驱。其物联网平台将拖拉机、收割机、种植设备、播种和耕种设备通过云技术连接起来。此外，它还能通过其收集的数据来为客户实现价值。基于数据分析，其系统可以对现场设备下达指令，即使十吨重的卡车也能根据指令精准地移动。农民可以将种子、化肥和化学品的数据与平台供应商共享。在这些物料用完之前，系统就会触发自动下单功能，从而降低农户的精力成本。

借助数据，约翰迪尔公司可以预测机器存在的问题。平台通过分析数据中的规律，可以做到未雨绸缪。技术人员节省了时间和精力，机器停工的时间也缩短了。

增强现实技术可以利用智能手机或 AR 眼镜上的摄像头将数据添加到实时视图中。例如，它可以在工厂设备上显示分解步骤，以及详细的修理说明。增强现实技术提高了维护流程的效率。即使是经验不太丰富的技术人员，也可以在专家的远程指导或建议下完成维护工作。

有时，新技术并不能减少阻力，反而会使之增加。以 3D 技术为例，21 世纪初期，3D 电视有望取得突破。在拉斯维加斯消费电子展上，制造商将 3D 技术标榜为下一个颠覆时代的技术。但是，当时可用的 3D 内容很少，而且 3D 眼镜用起来也很不方便。因此，3D 技术几乎没有用武之地。而由于人们难以获取合适的内容，新的阻力反而出现了，这项技术为消费者创造的整体价值大打折扣。几年后，3D 电视的发展从繁荣走向萧条，到 2016 年，已经没有一台三星电视配备 3D 功能了。

简洁就是美，就是高效。亚马逊 Dash 按钮的开发就是为了方便客户订购特定的产品。只需按下一个按钮，它就会触发自动订购——客户无须在系统中输入任何内容。现在亚马逊平台已经向虚拟 Dash 按钮转变了，如果你时常购买某些产品，系统就会生成其中任何一个产品的 Dash 按钮。这个按钮降低了客户的精力成本，从而增强了亚马逊平台的吸引力。

考虑一下客户和其他潜在的平台参与者加入你的平台时会遇到的阻力点。他们需要在哪里输入信息或者通过怎样的努力才能购买到你的产品或服务？对于这些流程，你将如何利用技术尽可能地将其简化？

请挑战自己试着将交易成本和时间减少 80%。如果客户现在需要 7 分钟来购买你的产品，你如何将这个时间缩短到 84 秒？如果客户现在需要输入 200 个字符来购买产品或服务，你如何将其缩减到 40 个字符？

同样，对于其他潜在的平台合作伙伴，他们可能在哪里遇到阻力？你将怎样利用技术来最大限度地减少这种阻力？如果合作伙伴目前在平台上修改代码需要花费 10 个小时，你如何将这个时间缩短到 2 个小时？如果合作伙伴在平台上对单个产品进行描述需要花费 10 分钟，如何将其减少到 2 分钟？如果合作伙伴调试设备需要花费 2 个小时，如何将其减少到 24 分钟？如果为平台培训每位新员工需要花费 1 个小时,如何将时间缩短到 12 分钟?

## 不确定性与焦虑成本

再想象一下,假设你是那位寻找液压泵备件的工程师,在当时的情况下,第三家公司的代表说他们可以立即呼叫一辆出租车将液压泵送到你手上。接电话的人询问了地址,然后告诉你:"我现在去拿液压泵交给出租车司机。"你说:"太好了!"然后挂断了电话。

你去了一趟洗手间,开始怀疑他们是否真的找到了合适的液压泵并且已经出发了。你在想,他们说把液压泵交给出租车司机后会给你发消息,但是 15 分钟过后你还没有收到任何信息。你决定再打电话问问,但没有人接听。可能他们把液压泵交给出租车司机后就去开会了,又或者他们还在仓库里寻找液压泵。

一个小时后,你仍然不知道液压泵是否已经发出,但你知道每个人都在等待。你开始思考是否应该尝试联系另一家公司,重新订购一个液压泵以防万一。

3 小时 20 分钟后,出租车终于到了。这个液压泵刚好合适。你松了一口气,跑着去安装上了。但是过去 3 个小时经历的焦虑让你发誓再也不会购买这一家公司的产品了。

不确定性与焦虑成本是指在购买和使用特定服务或产品时产

生的精神和情感成本。这种精神和情感成本发生在决定并开始购买到交易结束的一段时间内。例如，呼叫出租车的时候，在发出订单和出租车到达期间通常会有几分钟的等待时间。在此期间，你心里处于不确定的状态。不清楚出租车是否会来，而这种不确定性会引起焦虑，在赶时间的情况下尤为明显。

## 如何降低不确定性与焦虑成本

人们在等待产品或服务时会感到担心。这种担心是由不确定性造成的，并可能演变成焦虑。如果问题太严重，他们将会放弃在你的平台上继续开展业务。幸运的是，平台用户经历的不确定性与焦虑感可以通过采取一些措施来最大限度地缓解。

> 降低不确定性与焦虑成本的步骤：
> 1. 提供实时追踪功能。
> 2. 使用富媒体立体地传达信息。
> 3. 沟通行动计划和时间表。
> 4. 建立"可靠、可信任"的声誉。

### 提供实时跟踪功能

在优步上打车或在 Wolt 点餐时，你可以立即知道司机多久会到或订单需要多久送达。你还可以看到订单的进度，看到司机到达或餐品送达的时间在逐渐缩短。这些信息能让你安心，因为订单正在被跟踪，你没有被遗忘。

为客户开发相关的实时追踪功能时，你需要站在他们的立场上看问题。客户和其他平台会员会经历怎样的不确定性和焦虑感？要弄清楚这个问题，请设想一下客户提交订单后的体验。可以简单地想象一下这个过程或者以讨论会的形式进行模拟交易。你甚至还可以采访几位客户。

你需要考虑以下问题：平台在收到客户的订单后，客户是否能够立即收到确认信息？该信息是简单地确认订单已输入系统，还是提供了其他令人安心的内容？客户需要等待多长时间才能收到他们的订单？他们在等待订单期间会收到哪些更新和信息？如果有延误应该怎么办？你可以为客户提供哪些信息来减少他们在整个交易流程中不同阶段的焦虑？

### 使用富媒体立体地传达信息

源自不确定性的焦虑是一种情绪反应，而情绪往往是非理性的，仅通过事实是难以安抚情绪的。因此，你需要用一种能够让客户的情绪产生波动的方式交流。

  让我们来看一下赛百味的例子。在赛百味，你不仅可以知道员工正在为你准备三明治，还能看到整个制作过程，这样就可以确定每个细节。工作人员有没有放入你点的肉类和蔬菜？他们是否把使你过敏的食材挑出来了？人们可以看到这一切，自然也就更安心。赛百味的案例很好地展示了流程的可见性对于消除焦虑的作用。

  虚拟影音可以提供同样的体验。图像、语音等丰富的交流方式也可以实时跟进。优步不仅可以告诉你预订车辆将在三分钟内到达，还会在地图上显示车辆的位置。看到车辆一点点驶近会让你安心——即使你并没有获得关于车辆预计到达时间的最新信息。优步还能显示车辆的颜色，这能减少客户在寻找正确车辆时的不确定性。

  运送平台上的产品时，你可以将已经发出的产品的照片发给客户，以替代短信告知的形式，并知会客户他所预定的产品已经发出。还有一种更好的方法，那就是根据实时位置数据让产品的图像在地图上"移动"，使其慢慢接近客户的位置。

  如果是生产定制订单，那么你可以向客户更新生产进度，例如将正在制造的订单产品的图片发送给客户。但首先，请你想一下什么样的图像、视频或其他富媒体形式最能够吸引客户。

## 沟通行动计划和时间表

客户产生焦虑的一部分原因是他们不知道"这到底应该花多长时间"或者"他们现在为何这样做"。你可以告知客户你将采取的行动类型、原因以及需要花费的时间,以此来消除客户的焦虑。

比如,当客户从网站购买商品时,你可以告诉他们接下来的操作。他们的订单将被加工、包装,然后交付运输,你还要告诉客户该商品将以什么方式运输,预计交付时间需要多久。

## 建立"可靠、可信任"的声誉

焦虑源于客户自己无法确定卖家是否处理了他的订单,或者卖家是否能履行他们的承诺。人们对卖家的可靠性和行为的看法,在某种程度上基于后者的声誉。如果卖家始终履行承诺,品牌有口皆碑,那么,相比于面对那些陌生的卖家,客户就不会感到那么焦虑。

印象或声誉对人的影响可能是潜意识的和非理性的。多个领域的研究表明,体重、性别和种族背景等特征会对人们的感知产生重大影响。在商业领域,品牌对人们也有类似的无意识影响。比起不知名的品牌,我们更信任熟悉的品牌,即使这些不知名的品牌在技术层面与我们熟悉的品牌起到的效果相差无几。

在平台上,你可以创建一种帮助平台用户识别商家信誉度的机制。在许多环境中，共享客户的评价都是一种很有效的方法。当人们看到很多人都认为某一服务或产品值得信赖时，他们也会信任它。通常情况下，就像优步和爱彼迎上的评价一样，一个简单的五星评价就足够了。

你还可以通过一些证书和外部审核来进行补充。这些东西能够证明平台上的会员商家的确是在履行他们的承诺。

你还可以使用更具潜意识吸引力的技巧。比如使用一些令人们能够将产品与可靠性和可信度联系起来的特定符号和图像。当客户看到这些图像时，他们的情绪可能会产生反应，并塑造了他们对实际服务或产品供应商的积极看法。

在 B2B 业务中，当值得信赖的公司推出新服务时，可以请专家背书，为服务提供声誉上的保障。这种方法对平台的启动很有帮助。随着平台的成熟，你还可以增加第三方的反馈。

## 机会主义相关成本

人们并不总是诚实的。有时，你同意交易并完成付款，但一直没有收到购买的东西。有时，你交付了客户购买的东西，但一直没有收到付款，对方否认与你达成协议，或者直接消失。

还有一种情况，人们会用更隐蔽的其他方式投机取巧：这往往基于已有的信任基础。比如，你可能与一家特定的零件制造商确定了密切的合作关系。为了匹配这些零件独特的属性，你最终修改了产品设计。当然，市面上可能还有其他具有类似的功能但形状或其他参数不同的零件在售。因此，你的零件供应商可能会向你收取额外的费用：他们知道你不会再更换供应商，因为这样会增加不少成本。

潜在合作伙伴投机取巧的另一种方式是将你排除在外。例如，你的平台将某一特定服务的供应商和用户联系了起来。根据协议，你将获得商家收入中一定比例的金额作为平台服务费。但是，供应商可以绕过你，并直接向用户出售该服务，而不向你支付服务费。

这些情况说明了产生机会主义相关成本的原因。这些成本是确保交易伙伴按照约定行事的相关成本——对合作伙伴投机取巧行为的约束。

平台可以利用数据来降低机会主义相关成本。例如，飞协博要处理数以千计的运输订单，于是他们利用平台分析来保证服务质量、跟踪交付的及时性。飞协博要确保订单按照相关法律、指令、法规和合同执行，并在正确的时间、正确的地点以合算的方式将发出的货物送给收件人。通过将整个供应链数字化，并从中收集数据，飞协博可以对由供应商投机取巧造成的任何违规行为进行监测和预警。

# 如何降低机会主义相关成本

人们有时会不择手段使自己的利益最大化。如果这些情况在你的平台上出现得太频繁，用户就会失去对平台的信任，并不再使用该平台。要避免此类情况发生，请你参考以下步骤。

> 降低机会主义相关成本的步骤：
> 1. 通过追踪和反馈消除不良行为。
> 2. 向各方提供反馈。
> 3. 营造市场透明度。
> 4. 预设突发事件并为其打造规则及保障措施。

### 通过追踪和反馈消除不良行为

爱彼迎正在减少房东将房子挂上平台或租客租房过程产生的阻力。这些阻力来自诸如，租客在平台上租房的时候，他们有可能在最后一刻取消订单，因为他们不敢从网上租房，业主不敢挂出他们的公寓，因为他们担心陌生人可能会损坏他们的房屋。减少阻力的关键点在于建立供需双方的信任从而消除阻力。爱彼迎的评级系统（和保险）为各方建立了信任，从而减少了阻力。通过创建简单的评级系统，你可以建立起各方之间的信任。

优步的评级系统不仅会对驾驶员进行评分,也会对乘客进行打分。这种模式建立起一种信任,那就是驾驶员也是安全的,那些骚扰司机、行为恶劣的客户不会被纵容。这两种评级都增加了人们对交易的信心,从而促进了优步的进一步推广应用。此外,系统会记录行程,你可以查看司机是否选择了最短路线。评级系统减少了人们在陌生的环境中被欺骗的机会。

手机兼职平台 Upwork 也有一个工作监控系统,可以记录其雇员在做什么。通过这个系统,你可以看到你的兼职雇员在订单期间到底是在专心工作,还是在做其他事情,这个系统建立了雇主对平台的信任。

### 向各方提供反馈

通常,一提到机会主义,我们只会想到服务的销售方或供应商。然而,客户也有可能投机取巧。客户的投机行为也值得平台重视,因为这种机会主义会在匹配系统中和网络效应下越发肆虐。如果平台上出现不良配对,供应商就会开始流失,进而导致客户流失和不断升级的恶性循环。

因此,你的反馈必须提供给所有相关方,就像优步对其客户的评价那样。如果顾客在车内抽烟或冲司机大喊大叫,司机会给顾客打低分。这样的分数会降低这位顾客预订到下一单的可能性。由此,反馈也能激励客户举止得体。

在平台上，你需要考虑客户会怎样钻卖家的空子。使用星级评价的通用方法已经足以共享客户声誉。如果客户存在损害卖家的特定行为，你也可以提供有关这些行为的反馈。

## 营造市场透明度

你可以在平台上公开分享价格信息，就像亚马逊对第三方卖家所做的那样。信息透明能改善客户对卖家的看法。

马士基航运（Maersk）和IBM将区块链应用在他们的合资企业全球区块链数字平台贸易棱镜（Tradelens）中，这是一家集装箱物流解决商。它使全球运输业数字化，该行业现在仍然主要由人工运作，许多人还在使用纸笔进行工作。贸易棱镜允许用户连接和共享数据，所有相关方都有同等机会查看交易情况，从而提高市场透明度。

## 预设突发事件并为其打造规则和保障措施

保持乐观和信任他人是件好事——大多数时候是这样。但是，为了防止机会主义者钻空子，你需要考虑人们会如何欺骗你或平台的其他用户。这种心态也不必一直保持，但最好保持警醒。

你可以试着挑选一定数量的团队成员，让他们以不同的角色钻平台的空子。当他们提出想法时，应该将这些想法记录下来，不用判断对错。

一旦列出了可行的投机方法，就可以开始寻找防止此类投机行为的方法。有时你可以定义规则，有时你也可以进行突击检查。

但是，尽量避免创建过多的制衡机制，因为这种机制会带来额外的阻力。这会导致平台永远无法成功。

一个能够有效阻止投机行为的方法是禁止平台相关方直接交易。平台可以明确禁止供应商直接向消费者销售产品或服务。或者，在可能的情况下，平台可以要求相关方在平台上进行交流，并阻止他们之间的直接互动。

爱彼迎用另一种方式来预防突发事件。平台将房主保障金增长至100万美元。如果客户损坏房屋，业主将获得最高100万美元的全额赔偿。因此，通过爱彼迎将房屋交给陌生人，业主会感到更安心。

你需要未雨绸缪，为平台的诚实用户及利益相关方保障流畅的使用体验。你可以考虑以下风险：频繁的机会主义小动作，比如平台合作方在平台外完成一部分工作以及极少见但会导致灾难性后果的行为，比如平台合作方对客户的暴力行为。你需要考虑哪些行为的风险大到不得不采取措施去处理。

在制定预防措施时，你务必要始终考虑到这些措施可能带来的额外阻力。你应该考虑怎样做，才能在达到相同预防效果的情况下，尽可能产生更少的阻力。假设你可以利用检测异常的增强现实算法来剔除在平台外销售部分服务的一家供应商。在这种情况下，与通过常规方法询问客户相比，这种方法产生的阻力要小得多。同样，在某些情况下，非侵入性监视可以像正式的安全检查一样，有效地降低更有害或更严重的行为发生的风险。

## 创造魔法

人们在最好的平台可以解决这三类交易成本问题，平台还能利用数据进行学习，进一步减少阻力。一切都得以顺利进行，不费吹灰之力。这就是为什么平台战略就像是变魔术一样。

因此，不要只关注一种类型的交易成本，而是要考虑整个价值链。图 2.1 描述了如何创造无阻力体验。例如，平台可以通过整合智能匹配系统驱动的供需来降低搜寻与精力成本。平台还可以

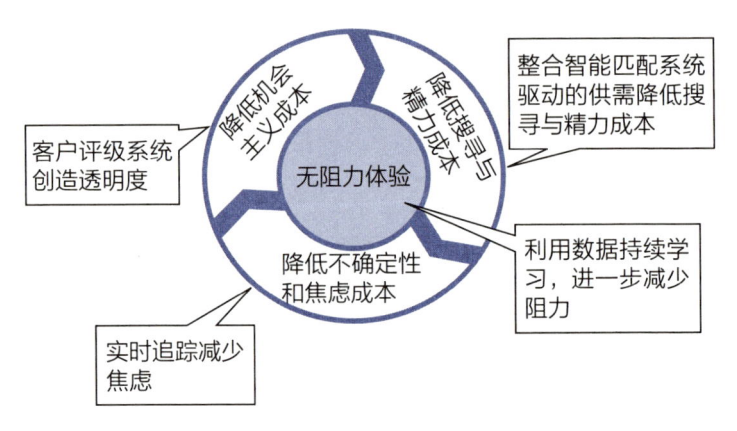

图 2.1　如何创造无阻力的体验

提供实时追踪服务，降低用户的不确定性和焦虑成本，并通过客户评级解决机会主义问题。

另外还需注意，相同的机制可以降低多项成本。例如，五星评级系统十分有效。反馈意见可以确保平台更好地满足客户需求，从而减少客户的搜寻与精力成本。反馈意见同时还提升了信任度，以减轻客户的不确定性和焦虑感。最后，客户和用户知道卖家提供的反馈以后也有可能会减少他们的机会主义行为。

但是，问题在于你必须贯彻这些机制，例如，你必须表明评级系统对服务质量会产生直接影响：行为不端的乘客以后可能再也打不到车了；爱彼迎平台如果收到对房屋的差评，它的租住量也会减少。反之亦然：租用爱彼迎房屋的旅行者如果收到差评，那他以后在爱彼迎上租房的时候也会受到影响。

## ☑ 要点回顾

你可以通过改变游戏规则并打造新的平台，来减少交易中的阻力。如果消费者在获得和使用当前服务时存在很大的阻力，这将会是你创建新平台的机会。

但这些阻力也可能会让你的平台无法吸引用户。潜在平台会员找到平台或参与其中时，在这一过程中，需要付出的努力可能会很多。使用过程中感到的不确定性和焦虑也可能促使他们寻求替代解决方案。平台用户也可能欺骗、偷窃或撒谎，而这有可能导致潜在用户选择其他平台。因此在平台开发时，你就需要确定平台中相关的阻力因素，并采取关键措施将其降到最低。

## 搜寻与精力成本

- 消费者如何找到你的平台及其服务？他们需要做什么才能找到平台并参与其中？
- 你能否整合供需或识别潜在的供需参数来实现智能化供需匹配？
- 用户开始使用平台的时候，如何最大限度地减少他们需要做出决策的次数？
- 平台可以规划哪些闲置资产来为用户创造价值？你可以使用哪些技术来最大限度地减少平台中的阻力？

## 不确定性和焦虑成本

- 用户期望得到什么样的信息来确保交易按预期进行？你是否有办法可以向平台用户提供实时追踪或者其他信息更新服务以令他们放心？
- 有哪些媒体形式（如图片、动画、声音等）可以分享给平台成员，让他们知道事情正在按计划进行？

- 你的用户是否认为平台可靠并且值得信赖？还有哪些方法可以（进一步）提高平台的声誉？

## 机会主义相关成本

- 在极少数情况下，个别平台用户会以什么样的方式欺骗、窃取、撒谎或以其他方式钻平台空子或损害其他用户的利益？
- 哪些行为可以跟踪并与其他平台用户分享？是否有可能在各方面都这样做？
- 平台如何提高市场透明度？能否提高更多？
- 哪些规则、处罚和保障措施适用于平台来防止投机行为？平台收益是否高于它们带来的额外阻力？

# 第三章

专注于行动,
打造社群

所有成功的平台都是从专注开始的，这帮他们建立了数量庞大的忠实粉丝群体。

在前一章中，我们向你展示了如何减少阻力。平台业务产生于识别阻力高的行业和过程并可以为这些行业和过程消除阻力。正如健身平台Peloton对美国线下健身行业的颠覆，它让团体健身课变得有趣和易得。一旦你选择了想简化的过程或服务，便需要确定从哪里起步，并如何扩展。

苹果在2007年进入手机市场时，它只推出了一款触摸屏的苹果手机。许多人并不看好，因为其他供应商提供了款式功能各异的设备。但是，随着智能手机市场的发展，消费者的偏好发生了变化。苹果抓住了这个有利时机，颠覆了传统理念。它用只专注于一部智能手机的方式在竞争中取胜。因此专注对于新业务发展必不可少。

专注对于创造价值也至关重要。假设一个平台提供的服务的价值点不明确，在这种情况下，用户不太可能邀请朋友或同事使用它。另一方面，明确的价值主张有助于用户分享和邀请他人加入，从而形成网络效应。价值主张一旦明确，与人分享的情感风险就会降低。用户在分享时会充满热情，而不会因为遇到价值点模糊的产品而尴尬。

那么,如何选择目标呢?确定目标后,接下来要做什么?怎样打造社群?本章将引导你通过3个简单的步骤开始构建成功的平台。

● 重点品发布——定义你的重点品,并从最初的少量客户中建立参与度。

● 细化和扩展——逐步扩大客户群和平台范围。

● 建立一个参与式的社群——打造鼓励参与并能使用户自发推广的平台体验。

## 平台成功始于专注

通往成功平台的道路不是从大规模提供产品开始的。相反,平台的构建需要耐心和不懈地专注于单个核心产品或服务。因为只有当你推出独特的和高附加值的产品或服务时,平台才会变得令人兴奋并与合作方利益攸关,最好的做法是将全部精力集中在打造独一无二的产品上。

第一辆特斯拉电动汽车 Model S 看起来不像是一个平台业务的产物,它是一个非常有针对性的产品,是为那些想要高端电动汽车的环保人士设计的一款汽车。凭借其长续航里程,它消除了汽车电池充电的阻力和人们对此的焦虑。

Peloton是一个互动健身平台。它在其平台上出售价值超过2000美元的高端动感单车，你可以在家里和其他人一起参加健身课。它的产品在2013年推出时非常抢眼。Peloton的动感单车不仅设计精美，而且可以联网。此外，它还在客户家中提供现场和预先录制的集体课程。因此，任何人都可以参加动感单车训练，这就足够了。

专注提高了平台的效率，并有助于建立忠实的社群。许多公司总想把规模做大，尤其是在其平台与技术足够强大时。但要点是，用户需要看到充分的价值。最小化可行产品（指恰好满足目标用户核心需求的最简形式产品）不是可以大规模推出的产品，但它能让顾客满意，为他们提供足够的价值。明确客户是谁，他们需求如何，并为此打造独特的产品，这样就更有可能在新品发布上取得成功，并为稍后创建平台打好基础。

最成功的平台公司，如亚马逊、脸书和优步，其发展是循序渐进的。他们最初专注于一组定义清晰的客户，这些用户最初只集中在某些地区，在这之后，这些平台才开始随着时间的推移扩展业务模型。

以专注著称的公司会将大部分开发资源投入开发单一产品或服务上，这样做是为服务定义明确且聚焦的客户群体。这种方法的直接好处是，他们在单一产品或服务方面进步很快。相比之下，那些投入相同数量的资源开发多种产品或服务的公司，其资源分配则更为稀疏、分散，这导致他们的产品或服务的进展更慢。

脸书、优步和其他公司成为平台公司绝非偶然。他们搭建平台的模式很清晰。下文将解释如何通过专注来创建平台。任何公司，无论规模大小，都可以实现。

作为经营者，你最大的优势是已拥有的资产和客户，但如何打通他们之间的障碍也是你最大的问题。你需要重新思考你的经营方式，以便在新一轮竞争中取得成功。

## 如何打造重点品

保持专注，这说起来很容易但做起来难。因为选择自己想要专注的领域也是一项具有挑战性的任务。以下步骤将帮助你找到初心，并逐步推进。

打造重点品的步骤：

1. 从愿景中回溯。

2. 积极试验，找到最有效的第一步。

3. 从友好的地理区域或利基市场开始。

4. 依靠现有的最佳解决方案和技术设计核心产品。

## 从愿景中回溯

你需要以专注的方式开始，但要高瞻远瞩。问题是许多即将建成平台的人对他们的愿景过于兴奋。他们有远大理想，自然也希望尽快让理想成为现实。因此，他们急于求成，却力不从心，这使潜在客户和合作方感到迷惑。

相反，你需要做的是从愿景回溯：构想未来，然后创造一条从当前状态到目标的实现路径。通过这种方式，你可以制造鼓舞人心的力量，又不会在行动中失去重心——你既要仰望星空，又要脚踏实地。

在此之前，你应该先预想几条备用路径。如图 3.1 所示，每条路径都应该确定几个步骤，以助你逐步实现目标。你的每一步都将为下一步打下基础。对于亚马逊来说，第一步是卖书，第二步是卖其他物品。由于第一步有助于其电子商务能力的建设，并使亚马逊打出了品牌，因此它为第二步的成功也作出了贡献。

如图 3.1 所示，这些备选路径可以大不相同。你应该努力创造不拘一格的路径，使平台能够迅速为客户创造最稀缺的价值或消除当前流程中的最大痛点。

你的第一步不需要太复杂，否则平台可能会让客户感到困惑，因为你正在尝试改变当前的操作方式。

然而，你也不应该把"复杂"和"增值"混为一谈。你需要在实现增值的同时避免复杂化。这并不容易做到，因为有时平台需要通过添加功能才能打开"增值"的敲门砖。例如，一个向兽医提供犬类诊断服务的平台最初只专注于提供基于常规适用药的诊断和推荐疗法。然而，年长的兽医对它不感兴趣。他们认为自己是知道如何诊断动物的（不管是真是假）。虽然年轻的兽医对其感兴趣，但在其业务熟练之后，也会逐渐放弃使用这一服务。

**定义通向愿景的替代路径**

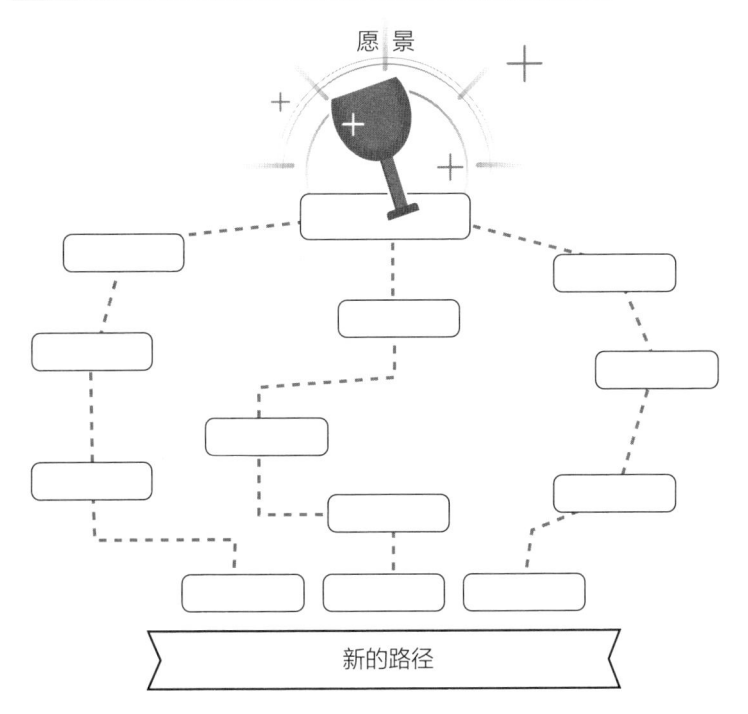

图 3.1　如何定义通向愿景的替代路径

这一平台的创始团队分析了形势，并与他们的顾问进行了讨论。他们发现兽医们喜欢讨论症状，并经常在封闭的社交媒体论坛上寻求诊断帮助。因此，团队决定将这种类型的功能添加到平台服务中。如今，兽医们可以利用该服务来帮助同行，或者只是观察同行的讨论。

### 积极试验，找到最有效的第一步

从愿景中回溯是很好的开始。然而，即使你有优秀的创意，有时结局也很难想象。在这种情况下，你可以通过测试你预设的不同路径来确定哪种方法最有效。

**试验**：如果你已经有用户了，你可以从功能集测试开始。首先，你提供一个功能较为广泛的产品，然后不断精简，用有限的样本来检验真正有价值的功能。该流程让你能够评估产品中不同元素的重要性，并帮助决定产品最终发布时的形态。你还可以测试在愿景回溯中创建的不同路径，观察并选择其中最有效的。

试验过程可能需要投入大量资源。因此，你需要快速、敏捷地做出决策并灵活地重新分配资源。

发现业务范围之外的潜在需求是老牌公司确立平台重点品的另一技能。我们中许多人都认为自己组装瑞典宜家家具费时费力。宜家发现顾客在购买产品时需要组装服务，这是挖掘用户潜在需求的最佳案例。

起初，宜家决定自己提供这些服务。然后，它看到了一个更为可观的机会。2017年，宜家进行了76年来的首次收购。它收购了劳务平台公司跑腿兔（Task Rabbit）。宜家决定将跑腿兔作为一家独立公司运营。

在发现潜在的需求后，你便可以开始定义愿景，然后通过愿景回溯来确定第一步。例如，通过跑腿兔，宜家开始在纽约市和旧金山地区布局家具组装服务。

另一个发掘潜在需求的案例是声破天（Spotify）。它没有在数字下载这个领域与苹果iTunes等现有行业巨头竞争，而是专注于一个新兴的利基市场——流媒体。它的创始人丹尼尔·埃克（Daniel Ek）看到，人们有兴趣用支付少量费用或收听广告的方式，获得无限制的音乐访问权限。像奈普斯特（Napster）[①]这样的（其业务后来被证明是非法的）服务平台证明了这种潜在需求，声破天则合法地提供了相同的体验。

采访客户、供应商和其他利益相关者是一项实用的技巧，它可以帮助你确定如何在短期和长期内为平台用户和其他利益相关者创造最大的价值。采访前，你需要有一个大致目标：用户目前看重什么价值，以及如何强化这些价值。

---

① 奈普斯特：是一款可以在网络中下载MP3文件的软件。——编者注

（1）采访一组精选的值得信赖的用户。

　　a. 让他们以开放式的方式描述平台的核心流程；

　　b. 找出并理解这个过程中最能提供价值和最让用户犯难的地方。

（2）用简单的图表为客户的流程建模。

　　a. 首先，在每张幻灯片上模拟流程的一个部分；

　　b. 一旦制作完成3~8张幻灯片，就开始制作演示文稿。

（3）回想贵公司目前在关键流程中是如何帮助用户的，再想一想平台目前没有但未来有可能帮助到用户的地方。

（4）从客户的角度出发，思考平台的哪一步行动为客户提供了最大价值（您的许多行动都有帮助，但哪一项最大）。

（5）想象一个路径，首先从最有价值的元素开始，然后在此基础上构建。

请与选定的供应商进行3~5次面谈，从他们的角度了解平台的价值。通过概念化工作和讨论认识到利益相关者及其对平台的可能反应对平台至关重要。概念化工作指的是提前预测某人对平台的可能反应。它的目标是引导人们认为平台对他们有益。

请仔细记录以下内容：平台参与者是谁，他们的角色是什么，他们各自从平台中获得了什么价值？你需要定义平台的架构和商业模式，同时描述平台目前的状态、用户、供应商、流程和所拥有的资产。将这一步与你的愿景结合起来，并回溯到平台的第一个重点品。

## 从优势地区或利基市场开始

平台赢家的成功秘诀表明，他们不会试图服务和取悦所有人和所有市场，而是以有限的区位优势或利基市场为半径开始扩张。在较小的市场中，试验也更容易被管理。许多公司往往在找到合适的产品之前就因过早地扩大规模而失败。你不要把前期的专注理解成小富即安。相反，一开始的专注能帮你找到以小博大的特定领域。

脸书最初专注于在大学校园内建立静态的社交网络。通过这种方式，公司可以集中所有的精力，让平台尽可能好地服务于这个狭窄的用户群体。扎克伯格用他从大学住宿服务部门获得的位置数据搭建了这个平台。就这样，他让平台为每一个哈佛学生创造了连接与互动的价值。他们可以在平台上看到所有朋友的个人资料，以及他们自己潦草的个人资料。因此，他们会受到刺激，并完善自己的资料，这反过来使得平台能为他们的朋友提供更多的价值。

优步最初只在一个城市经营高端豪华轿车服务。这种策略帮助它完善了其软件平台、定价政策和其他实践，从而使它成为一种更加可靠和用户友好的服务。优步的服务最初只集中在一个特定的地理区域。因此，它的业务经理们能够从那个领域收集意见，并殚精竭虑地去理解业务动态。这种努力有助于平台将服务变得更好。这提升了用户对服务的认可度和兴奋感。

亚马逊同样从相对简单的网上书店业务开始，并集中精力把卖书的工作做到极致。它有一个全面的图书索引，你可以在亚马逊上买到任何你想要的书。相比之下，没有任何其他书店能拥有种类如此繁多的货品。推荐引擎（买过这本书的人也喜欢这几本书）等功能使得其服务流畅、能够增值，并创造了网络效应。亚马逊就这样成为人们买书的首选。

总之，现在全球领先的平台公司发展的第一阶段是：集中于本地服务，且良好运行，以期其卓越的服务质量引起用户极大的兴趣。用户的兴奋感有助于为该平台建立更广泛的声誉。例如，一旦哈佛学生对脸书感到兴奋，他们就开始更多地使用它，并将这项服务告诉他们在其他大学的朋友。同样，对优步或亚马逊有积极体验的人也更有可能再次使用这项服务，并推介给他们的朋友。

> **案例研究　佩洛顿（Peloton）：减少家庭健身中的阻力**
>
> 2020 年对佩洛顿来说是不平凡的一年。随着新冠疫情蔓延，人们都想在家锻炼。该平台每月有 100 多万新增用户，它通过跑步、瑜伽以及其他健身课程扩大了业务。这绝非偶然，而是它遵循了本章和上一章中概述的步骤：减少阻力和

保持专注。

该平台创始人在打造团体自行车训练课程时阻力重重。首先,人们在繁忙的日程中很难找到时间去上健身课。即使有时间,人们也很难找到好的健身教练和团课。每节课的费用令人望而却步。在扩展业务时,平台公司都会遵循他们制定的愿景。很多人认为佩洛顿是一家健身公司。但是,根据创始人的说法,它是一家整合了媒体、技术、零售与物流的公司。

佩洛顿专注于提供设计时尚的动感单车,以及直播和录播的线上课程。在这项服务获得成功后,平台才扩展到其他类型的健身项目中,发展到今天,公司知名度已大幅提升。

但有时你需要做出改变,才能确保平台的重点品被接受。最初,佩洛顿为其动感单车标价1200美元。然而,由于其相对较低的价格,用户往往认为其设备质量不佳。因此,他们把价格提高到2000多美元,这一调整不仅令销售额上升,而且因为价格的变化,人们对自行车质量的看法反而由差变好。

现在你可能会指出,到目前为止,我们只专注于B2C平台。但这与其他类型的传统业务有什么关系?人们会认为谈论脸书、优步是很容易的,因为它们都是局外人,与传统行业无甚关联。

哪些细节是有抱负的 B2B 平台提供商应该考虑的？B2B 平台的服务或产品的质量对业务的连续性至关重要，好的平台也会为用户承担一定风险。因此，从第一笔交易开始时，平台就必须保证质量和服务水平，因为用户期望很高。

平台模式已经在传统制造业中发挥作用。利乐就是一个很好的例子，它通过 B2B 市场提供备件和消耗品。

> **案例研究　专注于平台发布的利乐**
>
> 利乐致力于提供食品和饮料行业的生产和包装设备。原材料会在利乐公司提供给客户的生产设备中被生产加工，然后这些产品被利乐公司提供的包装设备与材料进行包装。利乐与 5000 家制造工厂合作，并已在全球范围内生产总计 1900 亿个利乐。
>
> 2019 年，利乐创立了自己的平台。像亚马逊一样，利乐不仅通过市场提供自己的备件和耗材，还提供第三方产品。平台上有来自利乐品牌的 30 万个备件和耗材，以及来自经过审查的第三方卖家的 20 万个产品。据利乐包负责零部件和耗材的副总裁克拉拉·斯维德伯格（Klara Svedberg）介绍，客户们期望平台能提供更方便、更高效、更透明的感受。利乐的平台打造了一站式采购解决方案，恰好满足了这一客户需

> 求。因此，利乐能够利用其平台和生态系统的力量创造利润。
>
> 利乐本可以在平台发布时提供更广泛的服务选择，但它决定专注。对于 B2B 客户来说，更精准地确定客户群体是可以理解的，因此许多公司都这样做。

平台需要供应商的参与，而显而易见的问题是"他们为什么要参与"。答案是：平台为其提供了新的销售渠道。例如，利乐的平台是全球性的。供应商能够借此获得新的销售机会。

利乐实行全球化运营，但他们需要本地解决方案。很多时候，利乐的特定供应商是本地的。对正在打造一站式采购平台的利乐而言，大包大揽是一个极具诱惑力的选项。利乐可以销售备件、消耗品、黏合剂、润滑剂、化学品和服务（包括安装或咨询）。所以，回溯到他们在 2019 年只提供备件和耗材的情形，他们本可以打造一套更完整、更理想的服务方案。

利乐的平台是借助 Mirakl 的技术来实现的，Mirakl 在 SAP 的基础上更进一步，而 SAP 通过创建管理企业业务流程的软件，已经取得了极大的成功。时间会证明 Mirakl 是否会像 SAP 一样主导市场。当然，Mirakl 提供的是软件即服务（SaaS）。这表明你的公司不需要构建自己的软件，但仍然需要定义你的业务模型，并通过开发应用程序和用户界面来获得市场。

要为你的平台锁定蓝海或设计针对性、专业性很强的产品，请考虑你最有可能成功的领域及影响因素，并注意以下几点。

● 市场的边界：市场具有足够的同质性，才可以被定义为单一市场（single market）。例如，美国不是单一市场，但其子市场，如纽约、休斯敦和旧金山，或许可以被视作单一市场。

● 你对市场的熟悉程度：你对潜在客户及其需求、习惯和偏好了解多少？你对行规和其他行业约束了解多少？

● 市场内的竞争：是否已经有其他公司瞄准了同一个地区或利基市场？

● 资源的可用性：你会从该地区聘用所需的人才，并满足利基市场吗？

● 市场进阶：如果取得了初步成功，你能从最初的区域或利基市场扩展到何处？

● 与当前产品的协同作用：你能发挥现有的能力、渠道和营销杠杆优势吗？还是你打算为该地区或利基市场重新打造一切？

### 依靠现有的最佳解决方案和技术设计核心产品

重点品战略（聚焦战略）需要你能认识到产品的精髓，即为什么你的产品或服务能够脱颖而出。通常，你需要采用几种互补的技术和解决方案来打造产品。因此，你应该使你的重点品尽可能地与现有的方案和技术兼容。通常，这意味着缩小产品的范围，以便能够将特定的目标与更稳健的技术匹配，即使这些技术会对有些产品暂时产生约束。

> **案例研究　瓦尔乔（Varjo）的人眼分辨率 VR 系统**
>
> 　　康妮正把飞船停靠在空间站。她发现自己居然可以看清机组控制台上最小的细节，她对此十分满意。尽管她做过无数次对接，但是这次的不同之处在于一切都发生在虚拟现实中，由瓦尔乔的人眼级虚拟现实系统提供动力。瓦尔乔与波音公司的"星际客机"（Starliner）合作，为载人航天任务提供前所未有的虚拟现实培训。为了使虚拟现实训练有效，宇航员需要在读取设备数据的同时实时模拟飞机操作。但早期的虚拟现实设备做不到这一点，要想在沉浸式训练环境中读取终端数据，训练人员必须离显示装置很近——这会使宇航员看不到自己的双手，因此不适合用于训练。
>
> 　　瓦尔乔是一家芬兰初创公司，脱胎于诺基亚。它的创始人尼科、克劳斯、鲁普和厄尔霍都热爱多媒体系统，也曾在诺基亚共事。其现任首席执行官蒂莫·托伊卡宁（Timo Toikkanen）是诺基亚公司的执行董事会成员，负责诺基亚极其成功的基础电话业务。
>
> 　　瓦尔乔通过专注于每一个细节、纹理、轮廓和颜色，彻

底改变了专业的虚拟现实设备，甚至对戴眼镜或隐形眼镜的用户也是如此。此外，该系统可以结合虚拟和外部现实，创造一个混合现实环境。

联想解决方案[①]负责人迈克·利奇（Mike Leach）表示"当今市场上许多现有的虚拟现实产品都是消费级产品的企业版本"。相比之下，瓦尔乔没有在虚拟现实领域全面出击，而是专注于桌面级系统的电机设计。专注于利基市场有助于瓦尔乔在产品开发方面取得更快的进展。它获得了波音和沃尔沃等客户以及联想等合作伙伴的青睐。用户可以通过联想的分销渠道购买"瓦尔乔认证"的联想工作站以及瓦尔乔产品组合中的任何设备。

但是，当涉及产品功能时，专注带来的优势更加明显。瓦尔乔没有为其设备打造自己的图形处理器，而是使用市场上现有的最好的处理器。随着图形技术的飞速发展，最新的商用处理器可以带来最佳的用户体验。

此方案十分可行，因为瓦尔乔专注于从设计到工程的有限应用场景，它的头戴设备不需要非常高的移动性，仅需一根光缆连接到电脑。因此，图形处理器可安装在普通计算机

---

[①] 联想解决方案：瓦尔乔宣布与联想建立合作伙伴关系，将针对其部分企业工作站计算机进行认证以提高VR头显的兼容性。——编者注

> 上，而不需要在虚拟现实设备中。整套头戴设备中仅应用了屏幕技术，而系统中最精密的部件则负责图像处理。该技术还轻松支持软件更新。
>
> 将图像处理器放入头戴设备会明显延长开发周期。因此，瓦尔乔做出了一个艰难的决定，即以有限的移动性提供最佳的虚拟现实体验和简便的软硬件更新。但是，它在这种情况下依然找到了最优解：在线缆上选择光纤，而不是传统的铜线。光纤使中央机和虚拟现实眼镜之间的连接更具扩展性、更轻巧、更少干扰。
>
> 在未来，低延迟5G无线技术可以取代光纤，实现移动上的完全自由。突然间，之前一些折中的做法，反而使瓦尔乔逆袭变成了行业的领头羊。

在新兴的金融科技市场上，成功的初创企业正专注于开发一些核心产品，并借鉴来自同行的元素。例如，在哈佛大学和斯坦福大学最近的一项研究中，最成功的初创企业之一宙斯（匿名）复制了其竞争对手的用户界面，并使用了与另一家竞争对手相同的数据分析提供商。公司领导之所以做出这一选择，是因为他们希望摆脱常规，尽全力开发其服务中独特且最具附加值的部分。

专注于单个产品或服务，以及它们的子集，使企业可以灵活应用市场上最好的可用资源。尽管专注不意味着凡事亲力亲为，但你还是需要纵观市场，精准借力。只有这样做，才能确保产品走在最前沿。

那么，请你想一下：对于平台的核心服务或产品，可以为其提供支持的最佳技术和解决方案是什么？是什么在阻止你采用这些技术？收窄你的目标受众是否能缓解这些阻力？换句话说，你的专注方式是否有利于你更好地利用外部解决方案和技术，来改进自己的产品或服务？

## 精益求精，做大做强

从重点战略出发，成功的平台公司会不断完善其产品，并逐步扩展。他们会在最初的重点品基础上发展，同时增加新的功能元素，以吸引更多的用户或粉丝。

> **案例研究　渐入佳境的特斯拉**
>
> 2019年12月，一些特斯拉Model 3车主看到了一个固件升级选项：通过汽车固件在线升级，你可以将爱车的百千米加速用时从4.4秒缩短到3.9秒。这个能够带来半秒加速成绩

提升的升级费用是2000美元。

此次升级只是特斯拉通过在线更新固件，不断改进汽车功能和特性的一个例子。每一次特斯拉固件的更新，都会让你感觉自己的爱车焕然一新。大部分升级都是免费的；它们的每次出现，都使其汽车5%的范围内得到了改进。

其他方面的升级包括驾驶可视化功能，它可以显示交通信号灯、停车标志和道路标记。在未来，或许特斯拉汽车也能自动对这些标记做出反应。我们将在下一章中介绍更多关于学习循环以及特斯拉通过学习循环优化自动导航的内容。

特斯拉强大的软件平台使它掌控着海量用户体验。它可以逐步扩大平台的范围，而不像其他汽车供应商依然以产品为核心运营。

特斯拉效仿了其他成功的平台公司，通过专注于某一特定产品并建立了声誉之后，它开始逐步扩展到其他领域，以扩大业务范围。

你可以选择软件升级的时间：一有机会就立即升级，或者在尝鲜的用户使用一段时间后再升级。你可以决定先尝试新事物，或者等到其他用户测试了新软件并解决了初期的问题之后再加入。

特斯拉还对其车系进行了扩充。在成功进入市场后，特

> 斯拉推出了运动型多功能车 Model X，扩大了客户群。接下来，在低价位的大众市场，特斯拉推出了 Model 3。这款车很快成为市场上畅销的车型之一。Model Y 则是一款跨界车，于 2020 年上市，另一款备受争议的赛博皮卡（Cybertruck）则预计于 2023 年投产。因此，这家最初只有一种车型的豪华汽车公司如今提供了一系列的电动汽车。我们可以预期，未来它将扩展到新的模式，而它的每一步发展都会为公司带来新的增长。

## 平台精益化与扩张的步骤

你应该不断完善和扩展产品。持续地改进和扩展平台需要耐心和系统化的努力。先不要着急，冷静地反思和观察，再采取实际行动。这样就不会欲速则不达。以下步骤将对你有所帮助。

1. 通过观察和试验优化平台要素。
2. 创建新的功能和服务。
3. "跑马圈地"。
4. 重新回溯。

## 通过观察和试验优化平台要素

为了完善重点产品，你应该以数据为导向，并不懈努力，你需要判断出有效且行得通的环节，并将其保留。这能为平台添加新功能和服务，提供更加充分的保障并夯实基础。改进平台的两个关键方法是观察和 AB 测试（即比较两个方案，看看哪个效果更好）。

**行为观察。**在流程的每一步中，平台公司都会积极使用数据分析以持续提高服务质量。例如，当你登录脸书时，公司会记录你的一举一动：你阅读每篇文章所需时间；把鼠标放在哪里；点击了什么；速度有多快，等等。公司会从这些数据中分析出你最喜欢的内容和呈现内容的方式。因此，下次你可能会看到更多自己想要看到的和喜欢的内容。基于分析，脸书还可以定义用户群像，并决定其发展和扩张的方向。

亚马逊正在不断优化其网站功能和相关用户体验，以提高用户参与度。推荐引擎可以让用户更长时间地浏览亚马逊网站。此外，与网站外观和导航相关的细节也会影响客户在网站上浏览的时间。

亚马逊维护用户参与度的另一个重要方法是直接通过电子邮件联系用户。亚马逊不会等待用户返回网站，而是主动发送推荐电子邮件，这些邮件会偶尔带来一些回头客。

优步聘请了一个行为科学家团队，以最大限度地提高公司对用户行为的理解。优步实验室由心理学家、营销专业人员和认知科学家组成。他们会分析用户对优步当前和潜在服务和功能的反应。他们的见解为细化和扩展决策提供了重要信息。

AB 测试。脸书和亚马逊一样，也在持续进行 AB 测试。一部分用户可以使用某项服务特定方面的一个版本，而另一部分用户可以使用另一个版本。然后，这些公司会跟踪用户的行为，选择效果更好的版本继续供用户使用。

优步有一个独特的实验平台 XP，用于开展 AB 测试和其他测试。它使优步能够启动、调试、测量和监控新技术的效果创意、产品功能、营销活动、促销甚至机器学习模型。

派乐腾也在持续进行新功能或改进功能的 AB 测试。例如，在锻炼期间，人们可以使用"击掌"功能彼此鼓励。但如果你在一个骑行大群中，那么将很难找到那些在排行榜上和单车高手"击掌"的人，也就不能关注他们。

派乐腾用 AB 测试测试了这么一个功能：你现在可以点击给你"击掌"的成员的图标。你可以给他们回敬一个"击掌"，看看他们目前的排名，或者打开他们的个人资料页面，给他们发送一个关注请求。这些类型的 AB 测试，要求你要么向所有用户添加功能，要么修改或删除它们。

换成你会怎么做？本书建议从持续改进开始。请反思哪些客户行为最需要观察，哪些新特性需要测试。

### 创建新的功能和服务

平台发布成功后，新功能和服务将扩大平台的吸引力。渐渐地，你将开始挖掘新的用户群，并扩展平台。此外，新功能也将推动更高的用户参与度。但是，请记得要把这些和上一步结合起来，并观察和衡量新功能和服务是否成功。

有几个维度可以供你考虑：你拥有怎样的客户群及地理位置？平台还需要添加哪些功能？你的业务如何发展成为一站式平台业务？

扩展可以是首发版本的自然延伸。派乐腾从动感单车和健身计划起家。对他们来说，发展跑步机业务是很自然的。这样，平台提供了多样化的训练。除了练习动感单车的人，它还吸引了跑步爱好者。平台的下一步是继续增加训练类型：高强度间歇训练、芭蕾、瑜伽、训练营和冥想。它还扩大了其数字分销渠道。现在用户可以通过 Roku TV、亚马逊 Fire TV、苹果电视和安卓电视下载其应用程序。此外，Peloton 正在通过增加其音乐库和与著名艺术家合作来丰富其原创内容。

脸书曾经是一个相对静态的平台——用户只需创建他们的个人资料，并填写一些信息，如最喜欢的名言、书籍和一些照片。然而，许多用户并不经常回到脸书查看他们朋友的资料，他们对这项服务不感兴趣。

为了让脸书更吸引人，该公司引入了网络动态消息，用户现在可以在单个动态发布中看到他们网络中发生的事情。动态可以显示是否有人上传了新照片或更新了状态。这样，每当用户打开脸书时，他们就可以立即看到各种更新。更新使平台服务更有价值，也诱发了一些用户的错失恐惧症（Fear of Missing Out, FOMO）。因此，用户返回网站的频率更高。这就是我们所说的增加回头客式扩张。

优步利用其最初的势头，开始在选定的城市推广普通汽车的约车业务。最初，约车服务仅限于豪华轿车，但其创始人意识到，有一部分优步司机拥有不同类型的载客车辆。因此，他们推出了优步 X，这得益于优步品牌，但其目标是更广泛的用户群体。由于豪华轿车服务已经建立了合法性和新鲜感，新服务的出现自然是水到渠成。优步对这项新服务先有一个大致的预估，并愿意进行试验。这种策略被称为价格分级策略。

亚马逊的扩张中最重要的步骤是产品分类。由于其图书业务变得越来越顺畅，该公司意识到它也可以通过平台销售其他产品。因此，它增加了玩具、数码和其他相对容易的通过在线渠道销售的产品。例如，可以作为标准邮件被包装运输的产品（而不是新鲜或冷冻食品），或者不需要试用的产品（如衣服）。通过这种方式，亚马逊扩大了产品范围，但没有使流程过于复杂，也没有承担难以承受的与服务质量相关的风险。

宜家利用其跑腿兔平台捆绑了宜家产品的当天交付和组装服务。跑腿兔还在向室内设计领域扩张，并着眼于家具维修等服务，让宜家获得更多的优势。新的数据源可能是新产品和服务的重要驱动力。

例如，根据宜家管理层的说法，跑腿兔提供的用户数据可以帮助宜家开发新的家具创意。

那么，如何为平台发明和构建新的功能和服务？你可以像你打造最初的重点品时那样，如上文所述的，用同一种标准来审视这个问题。此外，你还可以利用我们在第六章"创造惊喜"中描述的几种提升创造力的技巧。

### "跑马圈地"

一旦平台开始在某处扎根立足，你就应该抓住时机进入新的领域。对脸书来说，征服哈佛大学后的下一步自然是扩展到其他常春藤盟校。这些大学的学生有着相似的精英身份，他们中的许多人也相互认识。因此，一项使斯坦福大学学生之间和与他们在哈佛大学的朋友之间连接的服务立即创造了价值。正向循环的兴奋感被强化了。这就是我们所说的专注于区位扩张。

随后，脸书从这种兴奋感中受益，并继续扩大其范围：它首先向所有的美国大学开放，并在几个步骤后，最终向全世界开放。平台没有一开始就放眼全球，因为这种模式不会产生最初由地理意义上的初始集聚而产生的兴奋感。

佩洛顿一直关注动感单车的需求，并将其作为服务的指标。在美国主要城市推出其服务后，它将其国际化扩张的脚步首先迈向了在加拿大和英国。在英语世界，两者都拥有相当大的健身市场。除了在线直接面向消费者的销售，它还开设了多个类似于特斯拉的自有零售店。这些地点将为新用户提供亲身体验的机会。

佩洛顿在英国伦敦成立了一个工作室，并增加了英国教练。接下来，它在德国开设了一家会员超过1000万的健身房。但是，再建更多的工作室就没有必要了。德国教练可以在伦敦的工作室授课，而总部会将课程直播给德国用户。此外，为了扩大对其当前内容的访问量，平台为数百个英语课程提供了德语字幕。

尽管跑腿兔在不断开拓市场，但宜家对其家具组装服务的扩张依然非常审慎。它需要确保其服务人员就绪，定价敲定落实，具备相应资质的服务人员也需要统统到位。

自2017年被宜家收购以来，跑腿兔已通过宜家的平台扩张至拥有宜家门店的美国48个城市，并落户加拿大。在英国，跑腿兔也已从伦敦拓展到其他几个新的城市。

在评估平台接下来应进入哪个区域时，你可以使用与平台首发时相同的评估标准。你还应该记住，下个区域未必是某个国家，也可以是某个城市或社区。

### 重新回溯

在接近预期目标之后，你需要继续选择下一步的动作。你可以再次应用回溯技术，评估通向最终目标的替代方案。你还应当确认回溯是否会改变你的愿景，通往愿景的路径是否仍然相同，还是说路径也需要调整。然后，再次选择那些可以为用户创造最大价值的路径或消除流程中最大的痛点。

## 高黏性社群令平台增值

除了开发和扩展产品及业务，成功的平台还会积极地让利益相关者嵌入社群。社群不仅仅是用户和供应商的集合——更是对平台的产品或服务感到兴奋，并希望与其他人分享的个体的集合。他们既能提供改进建议，又能协助解决问题，甚至会奔走游说，建立更多有益的规则和基础设施。

简而言之，高黏性社群的成员喜欢平台产品或服务，并希望使其更加成功。他们的努力能够帮助平台改进和成长。经过层层联系，社群成员创造了一个高黏性社群。由此，平台社群化强化了网络效应，并为参与者和平台本身创造了价值。

要创建一个积极互动的社群，平台应该创造一种奖励参与、倡导服务的体验。这不仅需要技术，更需要与用户共情，理解用户的观点。只有这样，你才能提供一个他们愿意热情拥抱的、有意义的产品。创造社群和增加活跃度不是游戏，而是一个更深层次的思考过程。传统的销售和市场营销以"漏斗理论"去筛选客户。他们会先培育客户对产品或服务的预期，然后将其转化为销售业绩。

在创建平台时，你应该多谋善断。从一开始，你就应该关注那些已经为改变做好准备的用户，和那些已经成为平台粉丝和形象大使的用户——就像特斯拉和佩洛顿所做的那样。

高黏性用户圈就像向平静的水面投入一枚石子，水面上会激起涟漪。第一圈涟漪最激烈，之后会减弱，但一开始你的水花越大，其影响也越大。理解了高黏性用户圈理论，你只需要关注最核心、最热情的用户，并将他们发展成为平台的拥护者，他们会扩大你的影响力。

用户黏性意味着与平台互动，包括对平台提供的服务和体验进行反馈。一名新用户可能会注册、登录，但不会持续互动。这就是低黏性用户。另一名用户则多次使用该服务，并向几位同样登录过的朋友或同事推荐。这就是高黏性和高价值用户。

在亚马逊，一群研究人员、设计师和技术专家组成了特殊的消费者参与团队。团队参与了平台功能的发明、构建和管理，这让亚马逊的用户感觉网站了解他们的需求。当然，数据才是整个过程的中坚力量，我们将在下一章讨论。

但是，你不应该把用户黏性局限于用户与服务的交互上。同样重要的是了解用户在社交媒体上的互动，包括他们的"喜欢"、分享和评论内容以及他们参与社区活动、"面基"以及撰写评论的情况。例如，亚马逊的消费者参与团队也拥有社交分享系统，包括游戏化设计和积分审核制。

客户参与度的更广泛定义正式地讲是指用户愿意花时间在平台上以实现互惠互利，这通常是通过拥护品牌或其他的参与方式来实现的。

## 如何建立高黏性社群

要建立高黏性社群，你应首先设法让平台用户和其他利益相关者参与进来。之后，你需要采取行动增加社群黏性，扩大社群并强化互动。你应该遵循以下步骤。

1. 持续测量用户黏性。
2. 在体验设计中做到情绪优先。
3. "轻推"（nudge）并启用无阻力的推荐。
4. 实现社群交流和身份共享。

## 持续测量用户黏性

为了解用户黏性,你应该设定目标并加以衡量。衡量用户黏性的一个指标是用户终身价值(即预计用户一生中在你的业务中花费的资金总和)、使用频率、用户流失率和许多其他传统营销指标。但平台也应该衡量用户推荐、在社交媒体拥护品牌的行为、评价和社区活动的参与度等指标。

根据盖洛普咨询公司在 2014 年对 B2B 客户的研究,在钱包份额、赢利能力、收入和关系增长方面,高黏性客户为平台带来的收益比普通客户平均高出 23%。由于网络效应,平台扩大了客户参与度。较高的参与度将加速构建高精度生态链。记住,留住老客户比开发新客户低廉得多。如果你能让老客户带来新客户,从长远来看,这绝对是一桩好买卖。

领导者通常只关注利润增长和指标。然而,尤其在初始阶段,用户留存率才是关键。你需要留住老客户,如果总是想要获得新用户,那成本就太高了。

成立于 2014 年的芬兰初创公司沃尔特(Wolt)向几个欧洲国家客户提供食品和其他物品。它在 2015 年几乎破产,在此期间,超级细胞(Supercell)游戏公司创始人、沃尔特的投资者伊尔卡·帕纳南(Ilkka Paananen)审查了其数据和指标。他从手游行业了解到,用户留存率是最重要的衡量标准。人们是否愿意回到游戏中继续体验和消费？

从沃尔特首席执行官米基·库西（Miki Kuusi）提供给帕纳南的指标来看，大约一半的老客户留了下来，这都一一被时间证明，就像最好的游戏可以留住玩家一样。此后，沃尔特迅速完成了下一轮投资。2020年，沃尔特在23个国家开展业务，配送22450家餐馆的食品，并有44000名食品配送员。

对于平台，你最想要关注哪些关键的消费者行为？又如何测量它们呢？

### 在体验设计中做到情绪优先

情感比逻辑更强大。这不仅仅是你需要考虑的功能性问题，如果用户对品牌及服务充满感情，他们很可能会高度投入并成为品牌的拥护者。

明确目标也有助于公司打造用户代表。有明确目标的品牌也会提高用户黏性。

使平台与竞争对手不同的不是单一的元素，而是整个体验。你需要设计对用户来说独一无二的完整体验。如果你能将用户社群化，并与其他用户建立联系，这将创造真正的用户黏性，并找到真正的粉丝和品牌代表。

特斯拉不仅是一家汽车公司，它还有更高的目标，那就是普及电动汽车和拯救环境。它提供的不仅仅是汽车。例如，特斯拉展厅也是体验的一部分。特斯拉决定直接向消费者销售，并打造了自己的展厅体验。展厅位于商场内，提高了人们对特斯拉的认知度。在社交媒体时代，每个路过展厅的人都是潜在的推广者，因为他们会在社交媒体上发布特斯拉的图片和评论。特斯拉的部分吸引力还在于其对家庭能源的扩展。它通过将业务扩展到其他领域来实现自己的目的。我们将在第六章进一步讨论这个问题。

对于佩洛顿来说，不仅是其动感单车和服务打造了体验，教练也是其平台成功的关键要素。其教练"神"一般的地位是它相对于竞争对手显著的优势之一。教练的工作是激励用户和引导平台社区化。平台上最受欢迎的教练之一罗宾·阿尔松（Robin Arzón）在 2020 年年底已拥有 65.5 万的"照片墙"（Instagram）粉丝。

### "轻推"（nudge）并启用无阻力的推荐

顾客推荐是吸引客户和创造新业务的古老方式，也是在数字时代发展服务最常见的工具之一。因此，推荐功能的实现要简单快捷。

记得主动邀请顾客推荐。在评论或其他行为之后，用一次简单的"轻推"激活平台的用户来分享推荐。由于推荐往往是一时冲动的行为，因此，创造触发这种行为的诱因至关重要。你需要提供在客户群中打造黏性的工具。做法之一是简单地邀请朋友加入服务。当用户发出邀请时，你会给予奖励：比如，优步会发放免费乘车券。你可以以这样的方式让粉丝推广你的服务。粉丝也会喜欢你对他们忠诚度的奖励。记住,通过电子邮件或社交网络的推荐机制需要让人感觉自然好用。

要提高黏性,先了解用户的喜好。有些人喜欢现金奖励,有些人则更喜欢免费积分,或是订阅计划的升级,抑或是一些独家功能和贵宾体验。如果没有深入的研究和实验,很难事先知道用户的喜好。

顾客推荐在 B2B 环境中也很有用。Yammer 已经成为最成功的企业社会化网络服务提供商。组织成员可以在工作中使用其平台进行非正式的私人交流。Yammer 的扩张战略在一定程度上解释了其成功的原因:它不仅仅依靠企业内部通信平台,而是允许拥有公司电子邮件地址的个人创建账户。一旦公司的成员建立了 Yammer 账户,他们就可以邀请他们来自同一家公司的朋友,这些朋友又会邀请更多的朋友。因此,Yammer 能通过同行推荐在不同公司内部传播。此外,Yammer 还实现了合作伙伴、客户、服务商和供应商之间的沟通,而这些可以从扩大 Yammer 客户推荐的覆盖范围开始。

多宝箱(Dropbox)是一个用于文件共享和协作的云存储平台。它的推荐奖励是免费存储空间。如果你有一个多宝箱基础版账户,你的每一次成功推荐都能为你赚取 500 兆字节的空间。如果你的账户是升级版或专业版,一次成功的推荐将会为你赚取 1 吉字节的空间;账户级别越高,获得的推荐奖励越高。

你需要考虑：平台用户和其他利益相关者的推荐要点是什么？怎么能让顾客推荐尽可能简单？如何奖励推荐人？怎样才能"轻推"他们行动起来？

### 实现社群交流和身份共享

没有互动，就没有社群。当人们互动时，社群才会出现。因此，应该确保平台成员积极互动。

社群成员积极互动创造了更多的惊喜，因为他们可以分享故事，互相帮助。看到他人的兴奋感会放大人们的情绪正能量。此外，人们之间的互动越好，人们就越可能对社群产生归属感和认同感——人们开始认为他们缔结起某些独特的关系网。产品或服务成为他们的一部分。其结果是带来更多的用户忠诚度、更多亲社群的行动，甚至更多成员的积极参与。

社群可以是平台本身的固有功能，也可以存在于社交媒体中。在线社区也可以发展为线下社群。

社群的形成甚至可以在没有公司参与的情况下实现，但品牌通常会为它们提供便利。许多公司聘用社群经理，他们的任务是通过提供内容和组织讨论来增加互动。

佩洛顿在线社群充满了活力和正能量。人们互相激励对方实现健身目标，他们谈论健身教练，分享健身技巧。用户可以通过该平台结交许多新朋友。

让社群帮你说话。这一点不容易实现，因为我们太习惯于推销了。我们打造的往往是受众，而不是社群。但社群更强大，他们对平台的投入和奉献也更真诚。开发社群时，你应该让用户能够相互连接，而不应该对其加以控制。如果你试图过多地引导谈话，也会适得其反。

特斯拉的用户建立了非常强大和黏性极高的社群。特斯拉在大部分国家都有自己的独立社群，而 Model 3 有独立社群。因为特斯拉的野心不仅限于制造汽车，所以它打造了高黏性社群。粉丝们都想参与。这就是网络效应放大的原因。特斯拉行驶的每 1000 米都会让汽车变得更好，因为它会自动学习（就像我们将在学习闭环一章中讲的那样），而且每一个新粉丝都让其他人的体验变得更好，因为他们为特斯拉汽车作出了贡献。品牌可以通过提供"诱点"来推动和促成讨论。特斯拉的讨论话题包括自动驾驶，如你是否应该把手放在方向盘上，或者你是否应该为提升加速性能的固件升级支付 2000 美元。人们在社交媒体上无休止地讨论这些观点。如果你向特斯拉的脸书社区发布一个关于特斯拉的问题，你会立即得到很多回答。评论是相互建立的，粉丝接管了客户服务。还有一点很有意思，即使厂家有错，出了差错，粉丝也会原谅。他们讨论错误和问题，但奇怪的是，品牌的错误创造了更高的参与度。

## 打造 B2B 社群

现在你可能会认为社群、粉丝和品牌大使只针对像特斯拉或佩洛顿这样的明星公司。然而，任何品牌（包括 B2B 品牌）在吸引粉丝时，都可以从平台领导者的教训中受益。你只需要为客户提供互动的机会。当开始打造 B2B 社群时，你可以通过采访客户来了解他们的想法和需求。

大多数专业人士喜欢和其他专业人士交谈。构建良好的封闭社群可以提供对等支持，它们提供了一个讨论和参与的场所。一个精心设计的社群可以使平台得到提升。例如，对于专注于买家和卖家之间交易的 B2B 市场，其社群可以提供自由的论坛来供人们讨论或分享他们的想法和兴趣、解决问题、寻找商业伙伴或寻求建议。社群可以为平台打造黏性和与用户建立深层关系。

社群可以封闭，也可以开放，哪种最有效取决于你的业务目标。一家健康公司推出了聊天服务，医生可以接受病人问诊，甚至进行远程手术指导，因为这一服务为医生提供了居家办公的条件，它得到了许多医生的青睐。该公司注意到，在线医生在诊断患者时需要帮助。因此，公司提供了值班医生之间的聊天服务。医生能够就他们遇到的问题获得同行的支持，提高他们的服务质量、参与度和满足感。

首先，你应该考虑如何实现和促进平台利益相关者之间的沟通。什么样的互动对他们来说既有情感上的刺激，又有实际价值？在平台会很自然地集成一个交流工具，还是你应该通过社交媒体网络创建一个社区？你能组织什么样的社群活动，是线上还是线下？

## ☑ 要点回顾

当你计划推出平台时，记住战略重点。为所有人提供一切并不是好的战略。你需要做出选择，同时保持专注。专注能提高平台的使用率，并打造忠实的回头客和粉丝群。如果平台能从这些粉丝中建立一个积极互动的黏性社群，将会更多地增加平台价值。

**打造重点品**

- 平台目前提供的核心服务或产品是什么？它们是否足够清晰和聚焦？
- 平台的终极愿景是什么？有哪些通往愿景的替代路径？
- 如何能通过合理的努力来测试哪些途径能最快速地产生高价值？平台应该先选择哪个地区或利基市场？
- 你可以使用哪些现有技术和解决方案来支持平台的核心业务，从而最大限度地为主要目标市场创造价值？

## 完善和扩展平台

- 你可以使用哪些数据来持续改进平台？
- 如何创建新的功能和服务？
- 如果你想向新市场进军，你还应该考虑什么？
- 一旦采取了下一步行动，会出现哪些通往最终愿景的新路径？

## 建立高黏性社群

- 如何衡量用户和利益相关方对平台的参与度？需要衡量哪些方面？
- 如何改善平台用户对平台的情感体验？
- 如何"轻推"以使平台用户邀请新用户加入平台？
- 如何实现平台利益相关方之间的沟通？

# 第四章

构建学习闭环

智能平台拥有人工智能赋能的学习闭环。它可以快速提高新领域的价值创造水平和效率。一旦进入某一行业，它们会比现有公司或其他竞争者"运转"得更快，并能迅速提供更高的价值。

例如，特斯拉已售出50多万辆汽车，它们会通过摄像头、雷达和其他传感器在人们开车时收集数据。特斯拉会使用这些数据用来训练和改进人工智能算法。日积月累，特斯拉汽车都将具备自动驾驶能力。由于很少或几乎没有公司能够获得与之匹敌的数据，因此特斯拉比其他竞争者进步更快。所以，特斯拉能吸引更多的客户，使其竞争者难以与之媲美。

平台赢家一直在收集用户数据并从中吸取经验。每次改进意味着平台将会吸引更多从中受益的用户，从而加速网络效应带来的价值。

为了赢得这场不断加速的比赛，你需要利用人工智能的力量来构建学习闭环。这可以让你不断地在重要领域改善服务。

用户在产品和服务使用过程中产生的数据可以帮助你做出更准确的预测，开发出更好的产品和服务。你会变得更有竞争力，能吸引更多顾客，而届时你会有更多的数据来提升服务。学习闭环就是这个良性循环的关键。

在本章，你将学习如何通过学习闭环建立竞争优势，并用数据来训练人工智能。此外，我们会解释为何你的员工是发展"人机闭环"中重要的一部分。接下来，我们将描述3个建立学习闭环的基本要素。

- 从业务目标出发。
- 产生相关数据。
- 最大限度地持续学习。

我们将以特斯拉、优步和澳瑞凯为例来详细说明建立学习闭环的过程。

## 学习闭环能强化竞争优势

当我们使用谷歌时，它能从每次搜索中学习并调整人工智能算法和模式。因此，每一次的搜索结果都会比前一次更精准一些。随着每个用户对学习闭环的贡献，谷歌在搜索领域的领先地位一步步扩大。即使其他公司的人工智能算法再好，也追赶不上谷歌。早起步的公司始终有优势，除非它的搜索方式发生变化。

学习闭环是一个良性循环，平台的使用会产生新数据来改善平台服务。这加强了竞争优势。

**平台战略** 搭建智能平台的七个步骤

> **案例研究　特斯拉的学习闭环**
>
> 在一个忙碌的早晨，特罗开着他的 Model 3 驶入高速公路。完全自动驾驶模式启动了，但它与路况的磨合不太顺畅，他需要进行手动控制。两周后，同样的事情发生了，但车不需要手动控制了。这是怎么回事呢？
>
> 特斯拉是一个学习平台。它会通过摄像头、雷达和其他传感器收集数据，然后利用这些数据来训练和改进人工智能算法。
>
> 新版本的变道辅助系统也比之前版本的好一点。对特罗来说，从辅路进入高速公路的过程也变得更加顺畅。特斯拉是逐步建立起完全自动驾驶技术的。
>
> 特斯拉的设计令其汽车可以在线更新固件，新固件通过无线网络传输。通过学习其他车辆收集的数据，每辆汽车的自动驾驶能力会愈加完善。特斯拉的这个设计与许多其他汽车制造商形成了鲜明对比，他们没有通过在线的方式收集数据和更新汽车固件。特斯拉构建的是一个不断进化和使用数据的平台。
>
> 特斯拉收集数据，并不断用新数据训练人工智能，再用更好的版本更新软件，这就是它的学习闭环。这项学习闭环每天都在提高其竞争优势。

在数字化公司，学习闭环很容易建立。例如，它能预测人们想买什么并精准投放广告。随着物联网和传感器从现实中收集数据，拥有实物资产的公司建立一个学习闭环也成为可能。例如，人工智能可以决定生产设施中的工艺参数。一旦设备执行了流程，它会对结果与理想目标状态进行比较。系统会根据偏差调整算法。

人类专家是创建学习闭环时不可或缺的一部分。例如，传统的视觉品控算法在检查工厂的产品缺陷时不会参考新的数据。算法会用预先确定的检验规则对品检系统进行编程。但当算法检测到故障时，我们仍需要人类专家来确定该缺陷是否严重。人类操作员会将这些信息反馈给系统，令其改进。人类向系统提供反馈的过程构成了"人机闭环"。

你可以通过定义业务目标来开发学习闭环。你需要了解哪些数据可用于训练人工智能以完成业务目标。接下来是如何准备对人工智能模型训练有效的数据。一旦部署了人工智能，它就会做出决定，预测结果，还可以洞析新数据。你需要在此基础上对人工智能模型进行改进，进一步完成学习闭环。以上每一步都会加强你的竞争优势。

## 有效使用人工智能，从业务目标出发

人们在炒作人工智能。目前许多人工智能方案并没有为公司明显增加价值。这是因为他们没有将人工智能与业务目标适当对接，就急于试行和展示。但对有些公司来说，人工智能改变了一切。这些公司的特点是以直接有助于业务发展和业绩的方式有效地使用人工智能。

有效使用人工智能的挑战在于选择和组合太多。而其中只有一小部分工具和目的的组合是能增值的。但在炒作的氛围下，有些人并不会三思而后行。

对于智能平台来说，人工智能贯穿了所有操作。例如，私人医疗保健中心开始使用人工智能的原因可能是多种多样的：提高其行政程序效率，提高病人护理质量，改进医疗诊断准确性，或最大限度地提高价格弹性。每一个业务目标都需要不同的数据。因此，不同的目标对构建学习闭环有不同的侧重。

假设其目标是为了提高医疗诊断的准确性，在这种情况下，公司应该有一个支持医生诊断的人工智能解决方案。该解决方案应使用各种与患者相关的数据，如人口统计学、特定化验和患者属性与医疗条件之间相关性方面的数据。相比之下，如果他们的目标是利润最大化，人工智能系统则需要更多的数据来预测患者的支付意愿。这也可能包括一些人口统计学方面的数据，但其权重不同，强调的方面不同。例如，病人的家庭地址能体现其财富状况。

最终，引入人工智能的目标将会从多方面将业务最大化。不过，建立明确的目标更可行，因为它有助于确定哪些数据需要收集。目标过多会分散公司的资源并弱化质量。请牢记前一章所说的专注是如何吸引粉丝的。

两家有着相同商业目标的公司在发展人工智能和学习闭环方面可能会有着截然不同的战略。例如，自动驾驶汽车的学习闭环训练需要数百万千米不同路况的视频数据。人工智能模型需要使用数据来学习各类动作。这包括加速和减速、换道、从高速公路匝道并入辅路或当汽车前方出现障碍时刹车。

Waymo（谷歌旗下的无人驾驶公司）和特斯拉以不同的方式来实现其商业目标。特斯拉决定采用的方案是学习闭环，而不是从一开始就创建一个完美系统。它从训练一个简单的自动驾驶系统启动开始。通过收集车队的数据，特斯拉不断改进。它的最终目标是打造一款不需要驾驶员的全自动驾驶汽车。

而 Waymo 相反，它决定以打造一款更先进的自动驾驶汽车为目标。其目标是推出一款可以在有限条件和有限路线上实现无人驾驶的汽车。

因此，与特斯拉一代的系统相比，Waymo 的人工智能需要综合性更强的训练。Waymo 正在靠计算机模拟和合作伙伴公司来训练其人工智能。如你所见，公司战略会对你定义业务目标的方式以及数据和人工智能方案产生影响。

没有清晰的业务目标会破坏价值和浪费资源。一些公司对"数据就是新能源"的想法感到兴奋。因此，他们收集所有可以访问的数据。但是没有如何使用数据的清晰想法，平台可能会堆积大量高成本且不必要的数据。所以，他们并不能集中收集数据来解决真正对业务有影响的问题。

## 如何为人工智能制定业务目标

请按照下列步骤制定人工智能的业务目标。

> 1. 建立愿景：学习如何改变你的公司。
> 2. 了解人工智能究竟能做什么、不能做什么。
> 3. 从确定关键流程着手。
> 4. 为商业目标构建学习闭环。

### 建立愿景：学习如何改变你的公司

不要一想到人工智能就急于使用。首先要设想它将如何改变你的公司，思考如何为客户创造更多价值。那么，你有重要的专业知识要教给它吗？

澳瑞凯是一家拥有100多年历史的澳大利亚公司，它是世界上最大的商业炸药和爆破系统供应商，为采矿、采石、石油和天然气及建筑市场提供服务。对澳瑞凯来说，其人工智能的业务目标是为客户改善爆破效果。该公司意识到是公司的工程师在给予客户实施爆破的建议。他们宝贵的经验和知识可以传授给人工智能。

澳瑞凯开始专注于为改善爆破性能的人工智能系统 BlastIQ 提供洞见和建议。但该公司的愿景极为宏大。其客户使用的服务越多，它收集的数据越多，它的人工智能系统 BlastIQ 就变得更完美。

## 了解人工智能究竟做什么、不能做什么

关于人工智能使用的例子很多。它可以预测能源消耗、翻译、纠正拼写错误、发现生产线上的故障、分析投资报告、预测交通延误、为你推荐最佳视频等。

人工智能似乎能解决一切问题。但事实并非如此，它仍有严重的局限性。今天的人工智能是狭义上的。它可以执行定义好的任务。

其中的局限性来自人工智能的训练方式。它在其被教授的任务上完成得很好。它会从历史数据中学习。因此，是可用的数据限制了其学习能力。另外，它无法轻易地超过之前的用例。

例如，芬兰航空和 silo AI 打造了一个人工智能系统来预测航班延误。该项目的目标是提高运营控制中心的空中交通态势感知

力。首先，该团队认为这可以自行解决机场拥堵问题。虽然人工智能在预测延误方面表现出色，但它很难决定如何应对。这就是人类超越人工智能的地方，最好的结果是人机结合。

人工智能有一个严重的局限性：它不了解除基本案例以外的因果关系。人工智能是很难进行解释的。如果它是一个黑盒子，用户可能不会使用它，因为他们不信任它。

人工智能和用来教授它的数据一样好。数据可能有误差，导致在用它训练人工智能系统时会产生偏差。因此，你应该了解它是如何发展起来的。这也需要用到特殊技术来检测和消除数据中的偏差。

但要记住人工智能的能力发展很快。昨天不可能的事，今天就可能实现。所以要不时地重新审视你的决定。

### 从确定关键流程着手

现在，你已经有了自己的愿景，并了解了人工智能可以做什么。下一步，你需要确定一个更明确的业务目标，以及能使你达成这些目标的关键流程。

例如，优步的主要业务目标是引导司乘匹配以确保客户在需要的时候能打到车。所以，优步会在预测供需的基础上调整其运营车队。人工智能可以基于各种变量和过去的模式预测需求。

优步还在运行另一个实时流程，即峰时定价来优化系统的整体性能。有时需求比预测的要高，但它无法为特定地区提供足够的司机。于是它提高了价格，吸引了更多司机来满足意想不到的高需求。很明显，人工智能同样解决了这个问题。

记住——你的竞争优势是否会使过程更智能化，以帮助你更好地竞争？这些改进是否值得你在过程中进行投资和改变？

### 为商业目标构建学习闭环

现在，你已经确定了业务目标，着手训练人工智能并开发学习闭环。但不要止步于此。请回到你的愿景，并思考如何根据你的学习闭环来定义新的商业目标。你可以通过学习闭环扩展哪些新领域？有什么新决策可以为客户增加独特的价值？

同时请你，考虑如何将业务转移到一个全新行业和创建新型服务，我们将在第六章"创所未见"中更详细地描述这一点。

## 无数据学习是异想天开

数据是人工智能的基础。因此，公司需要了解他们需要什么样的数据来训练其人工智能、他们已经拥有什么样的数据以及需要获取什么样的数据。

正如我们之前解释的那样，优步通过人工智能预测乘车需求。

它会用历史需求模式、天气、事件和其他数据对其进行训练。优步的动态定价系统则会使用全球新闻事件、天气、历史定价、假日、交通条件和动态定价系统的预测需求等数据。它甚至会利用你手机电池状态的数据来预测你的支付意愿,也就是说,电池没电意味着更为迫切的乘车需求。

如果没有数据,澳瑞凯将人类的专业知识转化为可扩展平台的目标就不可能实现。与许多其他公司一样,它一开始就在提升自己的数字能力。它从客户那里收集爆破目标、现场设备条件、爆破中使用的确切技术和产品以及爆破效果等数据。

你需要定义、收集和删减有助于实现业务目标的数据。这类数据可以通过了解已有的数据、自动化收集和利用合作伙伴的数据来生成。

## 如何生成有效数据

这些步骤能帮助你生成所需的数据。

生成数据的步骤:

1. 明确目前哪些数据是隐式数据。

2. 强化自动化收集数据技术。

3. 利用合作伙伴的数据。

4. 创建数据共享规则。

## 明确目前哪些数据是隐式数据

你应该系统地构建支持实现商业目标的数据，以确保自己掌控所有相关局面。假设你正在使用人工智能改进目前提供的流程或服务。在这种情况下，关键的一步是识别当前流程中使用的数据。一些数据可能是显式的。例如，部分业务决策是基于市场规模和增长以及其他可衡量变量做出的。就像医生在做出诊断时会考虑化验结果一样。

然而，除了显式数据，大多数人类系统都使用了大量隐式数据。人类会观察他们的环境并利用他们的背景知识去了解他们目前的状况。例如，一个商业领袖并不会只基于市场规模和增长数据就选择进入新市场，他会本能地意识到有其他变量，如国家政局是否稳定、区域和距离、影响公司氛围的潜在文化差异等。同样，医生在对患者开始治疗前也会根据患者的年龄、性别、身体状况、疲劳程度等方面对患者进行了解。

人工智能系统还应该测量人们在各种情况下使用隐式数据的类型。因此，你首先需要检查当前流程，真正了解平台所使用的数据。这需要采访和观察相关的工作人员。

在对当前数据进行分类后，你可以使用能提高决策准确性和行动水平的新资源进行补充。例如，你可以通过自然语言处理新闻和社交媒体中的消息以获取关于各种事件的信息。

一旦获得了对数据的访问权，你就要保证它的质量。通常数据是不完整的、有错误的。数据准备是训练人工智能的一个重要过程，这涉及检测、纠正和删除不准确和不完整的数据。

监督学习（本章后面会详细介绍）则需要有标签的数据。所以，你需要用标签来标记数据，让它真正具有含义。例如，你可以将一组病人症状的诊断结果归集在一个标签中。有时，你可能有数据，但如果这些数据没有标签，你就无法训练人工智能。你可以自己定义标签，但有些公司（例如谷歌）会将标签作为一种服务提供。

最后，为了让人工智能可以真正地学习，你需要确保自己能够访问性能数据。比如，如果一个企业人工智能能够做决策，但却不能访问结果数据，那么它就不能随着时间而改进。同样，如果医疗人工智能可以做出诊断，但它却不知道诊断结果是否正确，那我们也不会知道随着时间推移，它的诊断是否会变得更准确。

### 强化自动化数据收集技术

企业的数字化能力是数据收集的先决条件。智能手机推动了第一波作为消费设备和数据采集设备的平台化浪潮。没有数字化能力，优步、Delivery Here 和许多其他优秀的平台都不会存在。下一波平台化浪潮，尤其是 B2B 领域，将是由各种传感器驱动的，这使得从创新应用中收集数据的自动化成为可能。

例如，特斯拉电动汽车的 8 个车载摄像头可以在 250 米范围内 360 度地捕捉视频数据。此外，12 个超声波传感器可以检测车辆周边的软硬物体。超声波传感器会通过发送和接收超声波脉冲来测量物体的距离。特斯拉还有一个前置雷达，它可以提供额外的数据，并能够穿透暴雨、雾、灰尘，甚至前面的汽车。来自这些传感器的所有数据都将提供给特斯拉的人工智能系统。虽然你可能不会将它们看作数据捕获设备，但踩踏板和打方向盘等动作的确会产生数据。

澳瑞凯也很好地说明了这一趋势。几年前，谁能想到把爆破与大数据和人工智能联系起来？澳瑞凯在自动化数据收集技术领域蓬勃发展。物联网传感器会捕获振动、噪声、空气爆炸、温度、湿度、风、灰尘和其他与爆破作业本身相关的参数。即使是炸药爆炸也不会停止其数据收集。坚固的射频识别标签可以追踪爆炸后水泥或岩石的运动。爆炸后，图像自动分析系统会提供爆炸碎片的数据。

请思考：如何使数据收集自动化？你的业务中是否有新的传感器可以为数据收集开辟新的可能性？

### 利用合作伙伴的数据

Ramboll 集团是一家丹麦工程公司，它的一个部门为日用水和废水处理提供解决方案。它的客户是水处理设备公司。Ramboll 集团希望利用人工智能预测水处理设备的处理结果。为此，它需要获得客户的权限，以便将数据用于训练人工智能。经过一个漫长的过程，该公司终于解决了这个问题，获得了权限。它与芬兰人工智能实验室 Silo AI 一道，建立了一个人工智能水处理解决方案，来估测从供水设备里流出来的水的质量。此外，该方案还能分析水处理设备如何使处理后的水的水质达到环境许可要求。

在人工智能出现之前，水处理公司专注于故障检测。现在，他们的注意力可以集中在风险评估和设施的动态优化上。该项目的一个重要发现是，决定平台需要收集什么数据以及收集什么级别的数据是有必要的。

这个例子说明了与合作伙伴（如客户、供应商或其他类型的合作伙伴）合作的重要性。只有收集足够的数据，你才能开发出可行的人工智能。此外，数据往往不是由一个公司拥有或收集的，而是和其合作伙伴共同拥有或收集的。因此，共享数据的规则和每个合作伙伴的权利是十分重要的，你理应提前想清楚。

### 创建数据共享规则

如上所述，数据通常需要在合作伙伴之间或客户和供应商之间共享。然而，企业往往不愿分享数据，因为他们担心这会泄露一些有价值的东西。正如他们所说，数据是新的资源。经理们可能会认为，与其将数据免费赠送，还不如自己存起来好。

为了开发自己的产品和服务，你可能希望与配件供应商共享业务领域内的流程数据，以便他们能够更好地为你服务。要做到这一点，你需要获得客户的权限和授权合同。这样，有关数据的条款和条件就要成为销售协议的一部分。当涉及数据时，你需要考虑整个价值链。

鼓励数据共享的一个具体例子是芬兰技术产业联合会（Technology Industries of Finland）的数据共享。这些条款主要用于公司现有的交付和分包关系。合同范本既包括数据的定义、使用数据的条款，也包括第三方的使用、个人信息的处理和责任等条款。

通常，公司会通过保密协议或知识产权条款来保护数据。这些保护条款的限制性非常强，它们往往规定使用者只能将数据用于特定的案例，而不能用于其他情况。因此，行业需要一种更通用的方法。模型条款允许更广泛地使用数据，因为它切断了数据发起者和最终数据用户之间的联系。这一点会在法律上被予以确认，因此没有人可以在事后以数据为名提出索赔。

清晰的数据共享条款也能缩短谈判时间并有助于发展伙伴关系，促进数据在业务发展中的使用。合并、过滤和培育不同生态系统成员之间的多个数据集为创新提供了机会。

在与第三方共享数据时，公司应考虑并明确授予使用数据的权利类型。授予的权利也涉及竞争法。假设权限很小，或者数据只与有限的第三方共享，法院可能会将其看作限制竞争。假设价格的数据和其他附加信息是共享的，或者可以从这些数据中导出，这可能在实践中形成同业联盟。在同业联盟中，市场参与者会在内部相互勾结以获得竞争优势。因此，在创建数据共享规则时，你也要考虑这些法律方面的问题。

## 持续学习意味着天天进步

你已经有了自己的构想，确定了从哪里开始，也确定了业务目标。然后，你完善了人工智能，并根据新的数据和见解对它进行调整和更新。换句话说，你打造了一个人工智能驱动的学习闭环。通过它，你可以对业务有更多的了解，发展新的能力，进而意识到可以将人工智能的使用扩展到新的领域。所以，你应该更新自己的业务目标。

机器学习的闭环永远不会结束。对于单一的技术过程来讲，机器学习可能会自我提升，这样你就可以继续进行下一个过程并更新你的业务目标。你也可以扩展到新的行业，并在那里充分利用你的人工智能。

这就是智能平台所做的，他们比市场上的在位者们学得更快。西蒙·斯涅克在他的书中指出，对他们来说，建造智能是一个"无限的游戏"。要想持续获胜，你需要每天都有进步。

为了说明持续学习的重要性，可以参考雷普索尔（Ropsol），一家总部位于西班牙的全球能源和公共事业公司。该公司已确定并开始在其价值链中实施超过190个数字化转型项目。超过三分之二的企业在以这样或那样的方式利用人工智能。这些项目使雷普索尔受益匪浅，也对其商业模式至关重要。它的项目范围涵盖了从上游钻井作业到下游服务站的作业等领域，并可以为客户提供个性化的服务。

在每个领域，人工智能和相关的学习闭环都在帮助雷普索尔每天更好地执行他们的焦点活动。在上游，人工智能帮助雷普索尔不断提高产能或钻井作业水平。他们会每天分析超过1亿个数据点。其结果是，30个井场的非生产运营时间几乎减少了一半。多亏了人工智能的不断学习，人工智能系统能够识别效率低下的情况及其原因。地质专家会再审查结果，并思考最佳解决方案，这又使学习闭环的运行方式得到改进。

与终端客户更接近的事实是，人工智能和学习闭环正帮助雷普索尔向客户提供更有效的个性化服务。这些服务的影响是巨大的：该公司仅需增加3%~4.5%的服务站数量，其销售额的增幅就会非常可观，这是一项重大的成就。该系统每天会生成多达40万个个性化服务方案，并对其影响进行人工智能驱动的分析。通过这种方式，雷普索尔可以提供更有效的服务。

## 如何实现高效的持续学习

你可以按照以下步骤在组织中实现高效的持续学习。

> 实现高效的持续学习的步骤：
>
> 1. 离线训练人工智能。
> 2. 将人工智能解决方案整合到当前流程中。
> 3. 让人类参与学习闭环。
> 4. 借助新的数据和远见更新人工智能模型。

### 离线训练人工智能

在上战场之前，新兵要经过大量的训练。他们会被置于模拟战场真实状况的训练环境中，学习理解各种命令和敌人行动的含义，并学会根据在训练期间得到的反馈做出决定。

同样，在将人工智能解决方案部署到实际应用场景之前，也需要对其进行训练。训练人工智能意味着你首先要在离线的情况下训练它,以免它影响你的业务决策或员工的行动。另外,你要向系统提供数据,系统需要根据数据做出决策。然后,你再根据预先制定的标准来评估决策的好坏。在此基础上,算法中的参数会被调整,这个过程循环反复,直到你的人工智能达到令你满意的决策绩效为止。

### 理解人工智能的关键术语

人工智能解决方案包含了构建与现有系统集成的工作应用程序所需的所有元素。人工智能模型是人工智能解决方案的核心。大脑是一个很好的人工智能模型的参照,因为今天的大多数人工智能都是通过神经网络来实现机器学习的。

神经网络模仿大脑的运作方式。大脑由被称为神经元的脑细胞组成,它们通过突触相互连接,在神经元之间传递信号。类似地,神经网络由节点及其连接组成。这些连接的权重决定了不同的信号如何影响网络的输出。数据决定了这些权重。例如,通过筛选数千个已知的财务欺诈案,调整权重,神经网络能够学会对这些欺诈案进行分类。

学习的方式多种多样。最常见的有监督学习、非监督学习和强化学习。

监督学习是当今大多数人工智能模型的基础，人工智能模型需要从例子中学习。假设你正在训练人工智能，希望它能通过分析支付数据预测财务欺诈案件。为实现这个目标，用于训练的数据需要有欺诈案件的例子，而这些例子被称为标记数据。

　　再比如，一个由收到的工作申请和相关的简历组成的数据集。它们包含申请者的资质信息。如果你给每个申请和简历贴上标签来表示申请人是否被选中参加面试，你就有了一个贴有标签的数据集。通过将这些数据输入机器学习模型，人工智能就能学会用新的应用程序挑选合适的面试人员。

　　无监督学习则会直接从数据中学习，而不需要事先知道数据是什么。这在处理未知事件时非常有用。例如，在刚才的财务欺诈检测示例中，无监督异常检测可以自动发现数据集中的异常数据点。除了异常检测，无监督学习的另一个常见应用是聚类分析。例如，假设你不了解你的客户。在这种情况下，你可以使用基于人工智能检测到的共同特征的无监督学习对它们进行聚类分析。

　　强化学习会通过试错来学习。它会观察与给定奖励有关的行为的影响。例如，在经典的电子游戏 Pong 中，强化算法只观察两个动作，即向左或向右挥拍。算法的目标是让分数最大化（奖励）。正确的移动会增加分数，错误的移动会减少分数。从随机的移动开始，它会学习什么动作有效，什么动作无效，从而学会如何玩游戏。

强化学习为解决复杂的现实生活问题提供了机会。例如，强化学习可以通过在模拟的数字孪生环境中反复试验来教会人工智能控制复杂的工业过程。数字孪生是工厂或林地清理机械等实际设备的动态复制。第七章会对此进行更详细的解释。

一旦你训练了人工智能模型，你就可以评估它的表现。为此，你需要一个新的数据集，一个测试集。评估过程通常是迭代的，你需要测试几个不同的模型并选择表现最好的一个。你并不总是能选出最准确的那个，因为人工智能模型需要对其他数据集执行操作。有时，一个模型在测试数据集上表现得非常好，但在实际条件下却表现糟糕。这叫作过度拟合。

特斯拉拥有多种训练人工智能的方法。首先，它可以在不借助自动驾驶的情况下利用数据进行训练，人工智能会学习人类在不同条件下的行为，并将其输入神经网络。其次，它可以比较自动驾驶和人类驾驶的结果。最后，它可以在所谓的"影子模式"下运行新版本的自动驾驶软件，还能观察其与当前版本的不同之处,并从中学习。

在2019年的"特斯拉自动化日"上,特斯拉的人工智能总监安德烈·卡帕斯(Ardrej Karpath)解释了特斯拉如何使用车队训练人工智能以应对在高速公路驾驶时遇到的新状况,如超车。人工智能目标是预测你旁边的车是否会超车,然后决定最佳行动。例如,如果有人紧急超车,你需要减速或用力刹车。

特斯拉会要求其训练车队通过中央控制台查看超车情况。当观察到超车时,数据会以视频的形式被发回。然后,人们将这些数据标记为"超车"。最后,系统用这个标记的数据集训练神经网络。

随着人工智能成为你的平台的核心,你可能还需要开发新系统。大多数公司可以使用商业工具进行配套,但有些公司会开发专有的适合人工智能发展的环境系统。优步的训练模型受限于数据科学家的台式机的运算能力。此外,也没有标准的方法来存储训练实验的结果,所以,很难将一个实验和另一个实验进行比较。因此,它开发了自己的人工智能平台来管理数据,培训、评估和部署人工智能模型。优步已经培训了1万多个人工智能模型。

澳瑞凯用历史爆破结果训练人工智能模型。它建立了一个带有标签的数据集,包括爆破目标、使用的技术和产品以及爆破结果。它还用钻井数据训练人工智能模型,以确定地面硬度。这一信息对确定最佳爆破荷载是有价值的。

当你将人工智能整合到现有的流程中时，不要忘了人的作用。在第一章，我们就讨论了如何将恐惧转化为能量，尤其要记住，如果人工智能取代了决策者的判断，他们可能会感到威胁，而决策成员的恐惧可能会导致僵化和抵抗。

## 将人工智能解决方案整合到当前流程中

在训练和测试阶段之后，你便可以将人工智能模型应用到生产环境中，你最好能打造一个支持频繁更新的架构。例如，特斯拉拥有模块化架构，具有在线更新功能。因此，特斯拉可以将经过训练的人工智能模型用于改进车道变换功能，并将这一改善自动且平稳地运用到其庞大的车队中。

许多公司都在努力解决这个问题，因为遗留的信息技术系统非常复杂和庞大。由于数据被掩埋在既有旧系统中，人们很难提取它来调整和操作人工智能解决方案，而机器人过程自动化（Robotic Process Automation，RPA）可以在这方面提供帮助。它会模拟人与数字系统的交互，因此，RPA将自动完成这项任务，而不是由人类获取数据。所以，与旧系统的整合变得更易于管理，也更便宜。

实时访问数据是一个更复杂的挑战。通常，这可能需要将信息技术系统升级和更新。你的系统最好还能支持硬件升级，就像特斯拉那样。

自动驾驶功能需要实时、低延迟和稳固的系统，以便在所有情况下都能正确、可靠地工作。随着特斯拉的全自动驾驶人工智能模型变得越来越好、越来越强大，它们也需要更多的处理能力。特斯拉开发了自己的人工智能处理器——"神经网络加速器"——其图像处理能力是特斯拉早期硬件的 21 倍。在模块化架构的支持下，特斯拉可以用新硬件改造现有的汽车。

### 让人类参与学习闭环

即使在人工智能和平台经济时代，人类也是业务的中心。几乎所有平台都以人类作为用户。正如我们已经讨论过的，平台会使用人工智能为用户提出最佳的行动方案。然而，用户并不只是盲目地遵循人工智能的建议。他们可以在人工智能的提案质量上积极表态，尤其是在 B2B 平台上。

例如，当医疗保健平台提交病人的诊断时，医生将进行查看，然后对它进行批准、拒绝或修改。通过捕捉这些反馈，人工智能可以学习和完善。用人工智能的术语来说，他们正在给数据贴标签。因此，我们应该把人类视为开发人工智能的最佳伙伴，他们可以将数据标注为日常工作的一部分，而人机协作比仅靠自动化更高效。

学习型人工智能系统的最终价值来自专业人士的反馈，他们会批准或拒绝人工智能模型的建议。通过这种方式，即从各种专业人士那里获取知识，人工智能会构建一个持续的学习闭环，这将有利于整个价值链，并提高客户满意度。

但仅仅研究人工智能的最终建议是不够的。例如，专业的医护人员需要了解形成诊断意见的数据点。可解释的人工智能可以将人工智能提议背后的因素可视化，这有助于理解人工智能模型神经网络背后的逻辑。这是医生决定是否接受人工智能的建议的附加信息。

优步也在尝试让人类参与这一循环系统。优食（Uber Eats）是一项受欢迎的外卖服务。它的用户通过应用程序订餐，然后餐厅准备订单，最后由优步司机或其他送货员送餐。

优食的一个关键因素是预测订单正确的取货时间。当食物准备好可以取时，送餐员就应该抵达餐厅了。这取决于两个因素，准备食物的时间和配送需要的时间。机器学习会基于各种数据来对这两个时间进行预测。

由于餐厅在点餐时不会提供实际准备时间的信息，因此系统需要对其进行预测。该预测使用的数据包括过去一周和过去10分钟的平均备餐时间、当日的时间段、当天是星期几和订单体量等。食物的种类对准备时间也有很大的影响，如制作沙拉比煮菜要快得多。因此，自然语言处理也可以提取菜单信息，这些数据是人工智能模型预估食物准备时间的一个因素。

仅仅把这些留给机器来做是不够的，所以，研究人员开始研究优食无法完成送货的原因。这项研究在快递应用中增加了人为参与的因素，通过问卷调查，配送员可以分享有价值的信息，比如餐厅有多忙、入口在哪里。这一信息填补了优食的数据空白，也改进了人工智能模型对送达时间的预测。

总之，在应用人工智能模型时，你要考虑以下几个方面：

（1）如何将人工智能模型应用到系统中——你能做到像特斯拉的自动化过程一样吗？

（2）你的基础设施——处理能力、数据管理、延迟和其他需求是最优的吗？

（3）你的平台是否需要建立模块化硬件升级的可能性？

（4）你的业务流程是如何变化的？如何确保员工、客户或供应商等用户采用新的工作方式？

（5）你是否需要让人类决策融入你的学习闭环？

### 借助新的数据和远见更新人工智能模型

一旦开始训练和开发人工智能模型，新的数据就会被输入系统，并产生结果。让我们继续以优步为例，假设我们预测了在既定路线上的到达时间，那么，当骑行完成时，我们就会得到实际到达时间，这样我们就可以将其与预计的时间进行比较并反馈给系统，进而改进下一个预测。当然，这个例子简化了很多，因为有许多因素会影响到达时间。然而，由于车次众多，所以从统计学上讲,这依然是有意义的。系统可以确定是哪一个因素对结果的影响最大。

通过根据预测分析实际事件并从中学习,优步学会了对其人工智能系统进行微调。在匹配供需方面,学习闭环可以驱动系统变得更加稳固、可靠和准确。

学习闭环是一个良性循环,系统的使用会产生新的数据,用于改进系统。让我们更详细地看看特斯拉是如何使用学习闭环的。训练结束后,特斯拉系统将在"影子模式"下运行。新系统可以在车辆中运行,但不能控制方向。新系统学会的动作会与汽车的实际动作进行比较。基于这些差异和比较,特斯拉的人工智能得到了进一步的优化。

特斯拉正在收集云处理的新数据,以改进基于神经网络的新版本的自动驾驶软件,这使软件逐步完善。通过这种方式,软件可以学会编写代码来进行自动驾驶。这就形成了一个学习闭环。

2019 年,特斯拉收购了一家初创公司 DeepScale。它的技术提高了前者的卷积神经网络的速度和效率。这些网络可以识别汽车、行人、自行车和其他物体。自动驾驶汽车需要利用周围事物的信息来决定它下一步的行动。

随着越来越多的客户使用澳瑞凯的 Blast IQ,并输入更多自己的数据,该公司将建立一个足够优质的数据集,以开发更强大的机器学习模型,来提供更好的服务。实际上,这正在改变该公司的商业模式，并为其创造竞争优势。

与澳瑞凯类似，许多制造公司已经成功地建立了专家服务。这种类型的公司必须考虑如何将他们的顶级专业知识传授给机器，并实现全球范围的销售，从而为自己创造一个新的市场。人工智能使知识复制成为可能，并消除了地域造成的限制。

## ☑ 要点回顾

要想在生意上取胜并与创新者竞争，你需要每一天都有进步，学习闭环将为你的组织提供动力。如果你是一个市场中的在位者，而你的新竞争对手在人工智能驱动的学习闭环下，迅速地提高了自己的价值创造和效率，那么，为了在"游戏"中生存，你也需要这样做。请从今天开始学习，确定你的目标，评估你的数据，建立第一个学习闭环。

### 从业务目标开始

- 人工智能将如何改变你的公司？你能创造什么样的新业务？
- 你是否考虑过如何使你的业务前景切实可行？
- 通过人工智能赋能的学习闭环，你可以首先改进哪些流程和活动？

- 你将如何基于人工智能赋能的学习闭环制定你的业务目标？

## 生成有效数据

- 经理和员工在做选择的时候会考虑哪些暗含的因素？
- 如何使用技术来衡量当前流程中的相关活动和结果？
- 其他哪些公司的数据对你的业务有帮助？你能和他们合作吗？
- 在与其他公司共享数据时，你会采用什么规则？

## 高效的持续学习

- 你会使用哪些数据来离线训练你的人工智能系统？
- 你将如何在目前的流程中嵌入人工智能模型？
- 学习闭环的哪些部分需要人工介入或判断？
- 你会用什么方法来更新人工智能模型？

# 第五章

从"算法握手"开始

你是否想用新的服务来扩展你的生态系统和业务？这不仅需要内部创新，还需要外部团队来为客户提供可靠的服务，这对于平台业务都是至关重要的。

开放平台意味着需要承认自己单打独斗的局限性，那些成功企业的领导者们，已经习惯了拥有特权和掌控力，平台的开放对他们来说也是一种挑战。

开放平台的一项有效做法是通过应用程序接口（Application Programming Interface，API）实现。通常来看，没有 API 就无法与合作伙伴共同参与项目。API 提供了一种共享数据和功能的机制，该机制可以使计算机程序之间相互访问数据。API 还定义了程序之间如何交流。例如，API 决定了应用软件提取数据的方式内容，以及需要使用的数据格式和技术元素。

API 的使用可以在没有人机交互的情况下扩展，还会适时提高创新能力。或许你不那么信任与人类的约定或"握手"，但你可以信任计算机通过自动化工作执行"握手"。在 API 的帮助下，平台合作伙伴的软件可以直接与你的平台甚至其他平台成员通信。在此情况下，算法会检查协作是否适当且有益，并协调所需要的行动。

## 第五章 从"算法握手"开始

与依赖于人际接触的方式相比，用算法进行"握手"会更好、更有效。计算机使用 API 来代替人类管理工作，而且合作伙伴加入平台越快，网络效应就会越强。

在本章中，我们将解释：

- 如何定义 API 的业务目标。
- 如何开发 API 产品，并用商业模型将其定义。
- 如何以生命周期的视角看待 API。

## "算法握手"

在 API 中进行的"算法握手"是一种现代契约。合作伙伴们只需要满足特定的条件，并使用定义好的指令。之后，他们就可以连接并使用你的平台——不需要面对面的交流、谈判和握手。一切行为都自动而真实地发生。

API 定义了用于交互的日程和数据结构。通过 API，第三方应用程序可以与平台通信。API 使平台运行的细节变得抽象。因此，合作伙伴不需要知道平台在内部是如何工作的。你也可以在不影响合作伙伴的同时在内部进行改变。当然，如果更改 API 本身，这可能会对合作伙伴产生巨大的影响。因此，你也需要将 API 当作产品来管理。

通力是电梯、自动扶梯和自动门领域的全球领导者，它在全球范围内维护着超过 140 万台电梯和其他相关产品，在几年前，通力就意识到合作伙伴的重要性。通力追求的是提高城市生活中的流动性，但想要达到这一点，只从事电梯的制作和定期维护是远远不够的。

通力的客户在寻求新的解决方案和服务，如物流机器人、接待机器人，以及在结构复杂的建筑中能够指引方向的移动应用。比方说，一个应用程序在获知客户目的地后，不仅可以展示路线，还会预约电梯，当客户进入电梯后，电梯会自动到达目的楼层。通力的 API 使这些体验的实现拥有可能性。在 API 的帮助下，通力可以扩大它的创新能力，因为 API 为其创建了一个合作伙伴系统。

通过 API，平台合作伙伴可以访问平台的功能和数据，你很快就会知道 API 的优点。例如，谷歌地图的 API 允许开发人员将谷歌地图嵌入他们的应用程序中。与谷歌构建各种各样的应用程序不同，耶尔普等合作伙伴通过使用 API 来赋能他们的应用程序。有了 API，公司可以更专注于价值创造。

但你相信其他人能够通过使用你的平台和 API 来推动创新吗？人们对失去控制权的恐惧阻碍了 API 的构建和采用。正如我们在第一章中讨论的那样，对领导者而言，他们面临的挑战是怎样将恐惧转化为力量。

对许多人来说，约翰迪尔公司给人的印象是它的绿色拖拉机，以及那些童年时在农场的记忆。它成立于 180 多年前。不过，在过去的 10 年里，它一直在进行从机械公司到智能平台的转型。

想体验一边在前廊长凳上放松一边耕作吗？API 可以让这种幻想成真。约翰迪尔公司从 10 年前就开始开发能够连接各种应用程序的 API。第一个 API 平台最初只有几个开发人员，平台团队和管理层致力于让这些 API 有效地工作。他们需要找出哪些数据可以共享，如何获得收益图，并将这些与其他软件公司共享，从而增强公司的独特优势。换言之，约翰迪尔公司团队试图定义价值，定义那些通过 API 揭示的数据和功能给他们的客户带来的价值。

但 API 和开发者的成功并非偶然。在早期，推特公司的 API 是免费的，因为它的服务可以给它带来流量。之后，它限制了免费使用，并对 API 收费。推特也开始更多地控制开发者基于其 API 创建应用程序的权限。而推特在与开发者沟通中的不明确，导致了开发者的强烈反对和二者关系的恶化。2015 年，其首席执行官杰克·多西（Jack Dorsey）甚至为 API 项目中的错误道歉，并承诺重新关注开发者。这个事例强调了你需要考虑如何应用以及管理 API 的必要性。

## 以用户和利益为中心开发 API

API 可以推动创新，扩展平台及其使用范围。但这并不意味着可以随随便便地使用它们。

通常来说，公司关注的是平台的技术能力。因此，他们往往只是通过 API 提供这些功能，但并不考虑为什么。然而，我们应该从受众和商业模式的角度出发去思考。受众是谁，他们想要什么？你的 API 对用户有什么价值？在什么样的商业条款下，你愿意让平台可被使用？

明确目标有助于定义你的开发者计划。简化效率与推动创新极为不同。你的目标会为开发人员的外展、市场营销和其他活动设定不同的要求。

当谈到用户时，要记住 API 有两种用户类型：开发人员和终端用户。开发人员是使用 API 编写应用程序的人，所以他们对技术和操作细节感兴趣。而终端用户则会使用由 API 驱动的应用程序，他们共同定义了你的业务需求。因此，在决定应该开发哪种类型的 API 时，你应该听取双方的意见。

# API 为何以及如何产生价值

接下来，我们将解释为什么应该创建 API 并以此来加快平台开发。

> 创建 API 的原因：
> 1. 开拓创新。
> 2. 扩展能力。
> 3. 简化流程。
> 4. 数据货币化。

### 开拓创新

API 使客户能够设计他们自己的体验。它没有强迫客户通过你的应用程序使用平台，而是让客户开发应用程序并创建用户体验。这不但加速了平台被采用和接纳的速度，还开启了创新。

通力大约从 7 年前开始开发智能建筑解决方案，它最早的创新之一只是一个简单的应用程序，名为"电梯"。通力意识到市场需要新的解决方案。然而，困难的一体化进程阻碍了创新的进展。在当时，数字化还不是通力的核心业务。

朱卡·撒米库卡（Jukka Salmikuukka）是通力战略伙伴关系主

管,他解释了情况是如何变化的。当时,一家初创企业问通力是否有API。它想做一个访客管理系统,并希望这个系统能够远程控制电梯。

我认为一定有更好的方法去获得更多解决方案。所以,我才产生了研发生态系统的想法。为什么不与不同的解决方案提供商建立一个生态系统呢?他们能填补我们自己无法填补的空白。

因此,他意识到开放的API是通力缺失的一环。通过API,通力可以将第三方连接到其业务系统。通力有两个可以为客户打造新体验的API。

通力公司的第一个API与酒店服务机器人有关。Robotise是一家总部位于德国的送货机器人公司,它为酒店提供一款名为吉夫斯(Jeeves)的机器人。杰夫斯可以全天24小时提供客房配送服务。这给了酒店经营者提供一系列丰富商品的可能,因为再也没必要为这些商品找一个单独的储藏间了。此外,有了它们,酒店也没有必要对老式迷你酒吧再进行昂贵的投资了。

通力的API还可以跟踪酒店服务机器人的运动。它有助于对紧急情况进行即时处理。通过API,应用程序可以与电梯集成。比如,机器人可以自动将客人的行李送到酒店房间。再比如清洁或安全机器人,它们可以在无人监督的情况下移动。

通力的第二个API是电梯调用API。电梯调用API可以让业主创建智能楼宇应用程序。它包括远程电梯呼叫和电梯客流分析。

它与楼宇访问管理系统集成。因此，它可以实现更安全高效的人员流动。

雷迪（REDI）是芬兰赫尔辛基的一个高层住宅公寓。租户使用一把特制的钥匙进入公寓，这把钥匙接入了智能楼宇系统。在使用钥匙之后，系统便会调用电梯。所以，当用户到达电梯大厅时，电梯就已经准备好了。

因为想要保持领先地位，所以通力正在构建 API。通力战略的一个核心假设是智能建筑将继续存在，那么这对于新解决方案的需求将继续增长。如今，城市生活的顺畅程度比以往任何时候都更重要。在某些情况下，人流将与能源管理系统集成。这将有助于管理峰值能量负载，而且还可以为建筑用户提供新服务。

例如，BlindSquare 是一款适用于盲人或视力不佳者的导航应用程序。BlindSquare 使用通力的 API 与电梯集成。移动应用程序可以通过 API 调用电梯。此后，电梯将信息中继到应用程序。电话说"电梯门已打开"，这样人们就知道他们可以出发的时间了。

视障人士需要触摸扶手才能找到正确的自动扶梯，这产生了安全风险，因为手可能会卡在扶手和栏杆之间。因此，通力公司计划将其 API 也接入其自动扶梯系统。通过这个 API，自动扶梯会将自己的状态传递给帮助视障人士乘梯的应用程序 Blind Square。该应用程序会引导视障人士正确地到达一部自动扶梯前并出现类似这样的提示音：您右边的两部自动扶梯是向上的；您左边的那部自动扶梯是向下的。

通力的 API 使第三方能够围绕通力的核心产品进行创新。想一下这将会如何启发你，让你来思考其他公司如何革新你的核心产品。如果你为他们提供 API，他们可以实现各种元素的增值，并补充你的核心产品或服务，显然这是一种双赢。

### 扩展能力

除了通过额外的革新扩展核心产品，API 还可以让用户更容易获得产品或服务。通过使你的产品或服务能在其他产品或服务中也可用，你可以促进增强用户体验。

2014 年，优步推出了可以让其他应用程序使用优步平台功能的 API。例如，Open Table 的用户在预订餐厅时，可以直接通过 Open Table 的应用程序打车。

Open Table 的应用程序使用优步的 API 打车，并将最终地址发送给优步平台。这增加了 Open Table（网上订餐平台）用户的客户价值。用户可以在一个地方处理所有与外出就餐有关的需求。优步还在其他应用程序分配服务，从而更快地扩大规模。

API 扩展了平台的范围和规模。与孤军奋战不同，你的合作伙伴将帮助你创建更大的规模。这通常是通过将 API 集成到先前的系统来实现的。

这样的 API 方式使飞协博公司能够从根本上进行扩展。如第三章所述，飞协博公司是一家现代化的货运代理公司。它运营的数字平台可以连接发货人与收货人，从而实现更高效的全球物流运转。API 在这个模型中扮演了核心角色：飞协博公司没有让每个人都使用他们的平台，而是通过 API 将他们的平台集成到其他应用程序中。飞协博的 API 可以让你与货运数据进行交互。API 中的数据包括采购订单、价格、数量和条款。

飞协博的 API 使客户能够在后者内部的定制程序中来组织他们的发货。客户会停留在自己的平台上，并通过 API 与飞协博公司沟通。这种方法的优点是，客户可以使用熟悉的应用程序，他们不需要改变用法，就可以访问飞协博公司构建好的高级功能。例如，客户可以追踪到货物何时到达仓库，并告诉零售商何时需要补充库存。API 还会实时提醒用户货物延迟的情况。

约翰迪尔公司也在其原有的系统上进行扩展，它的许多供应商已经为农户开发了商业管理系统。由于农户不会用约翰迪尔特有的企业管理系统去取代他们正在使用的系统，所以，对于约翰迪尔来说，提供一个特定的 API 以连接这些现有的农场管理系统是很有意义的。

**简化流程**

API 还可以帮助你提高平台当前和未来的操作效率。它们可以取代 B2C 和 B2B 交易中的各种人工流程。它们还能提供对多个操

平台战略 搭建智能平台的七个步骤

作的实时可视化，减少延迟并提高响应性。API 会通过刺激平台创新和扩展其能力范围来创造新的价值。但它们也能帮助你更有效、更稳妥地完成你已经在做的事情。

> **案例研究  约翰迪尔公司的农业 API**
>
> 如今，如果没有数据和信息，那么你将无法运营农场。例如，监测土壤水分状况对于维持农作物的最佳生长条件至关重要。农场工作计划也需要当前的农作物收获状态和下一步计划的内容。最大限度地提高产量需要在正确的时间进行灌溉和施肥，还要了解天气条件，一旦某个环节出了问题，收成就难以保证，所以需要数据来证明你的工作是有保障的。
>
> 为了实现这一切，你需要把机器连接起来。约翰迪尔公司的 API 有助于做到这一点，还可以简化农业过程。
>
> 通过分析其客户需求和流程，约翰迪尔看到了提高其价值链地位的机会。它可以帮助农户改善他们的经营，而不仅仅是出售自有的拖拉机和其他机器。管理层意识到，他们现有的机器可以收集数据，而其他人可以利用这些数据来创造新的应用程序。API 正是缺失的一环。
>
> 通过开发用于数据传输和其他目的的 API，约翰迪尔将其产品变成了一个开放的系统。现在，用拖拉机、挖掘机和

> 装载机进行的耕作、挖掘、采摘等农业活动产生的数据可以在发展伙伴的帮助下改进作业。除此之外，API还能将灌溉系统等新设备灵活地连接到生态系统中。
>
> 因此，约翰迪尔为农户简化了流程，并创造了网络效应。每一台与该系统相连的新农机和应用都可以产生新的数据，从而实现更准确的预测和洞察。

想说明API在效率和可靠性方面的好处，请参考通力用于管理和服务的不同API。其中之一是通力的设备状态API，它用来提供设备状态信息。有了它，楼宇业主就可以将状态信息集成到他们的管理系统中。

例如，物业的维护人员会管理许多类型的建筑，包括大型住宅、办公楼、火车站和机场。他们希望将楼宇内部的电梯和自动扶梯的运行状况可视化，因为这可以帮助判断楼宇是否在正常工作，以及人们的行为是否正常。如果出现了异常，他们就可以根据实时获得的信息快速反应了。

楼宇业主也在使用通力的服务信息API。它使业主的物业或楼宇管理系统可以访问电梯数据。API不但消除了点对点系统集成的需要，还减少了手工工作和人为错误。楼宇管理系统可以获得公开和已完成的服务订单、呼叫和维修的信息。所以，他们可以掌控全局，并在正确的时间安排正确的行动。

### 数据货币化

通过 API，你可以公开其他公司需要的数据并将其货币化。首先，请分析你的内部数据以及它是如何被使用或可能被使用的。评估你可以收集的外部数据。然后考虑如何结合外部和内部数据，并为客户或其他合作伙伴创造价值。一旦你理解了以这种方式创造价值的潜力，就该定义提供访问和处理这些数据权限的 API 了。因为一旦你有了这些数据，你就可以考虑谁最愿意为这些数据付费，以及你可以如何向他们收费。

数据货币化的一个成功案例是天气频道（The Weather Channel，TWC），它现在是 IBM 的一部分。它通过 API 将自己从一家业务下滑的媒体公司转变为一个业务增长的平台。因为它的天气数据为许多应用提供了支持。

## 将 API 开发产品看作商业模型开发

API 有许多优点。然而，像其他任何发明一样，它有潜力不一定保证它会成功。许多技术都有很高的潜力，但只有小部分技术能转化为实际的创新，可以被广泛采用并真正产生价值。所以为了避免创造一个技术上完美但无人使用的 API，你要像管理产品一样管理它们。

API 应当被看作一种产品，一个能使开发者将数据和服务扩展成新的应用程序、体验和商业模式的产品。产品都需要进行相应的管理，API 也不例外。

产品管理通过定义 API 的战略、路线图、特性、定位、定价和营销来指导 API 的生命周期。而且如果你想要使用 API，还需要解释它们的业务模型和术语。

合作伙伴可以在你的 API 上开发他们的产品和服务。要做好这些，他们还需要了解你的 API 的策略、定位和定价。API 中的任何更改都会对合作伙伴产生巨大影响。这也许会破坏他们的体验，最严重时也许会导致重大损失。

## 如何成功创建 API

知道了 API 的优点，接下来就是 API 的创建与开发了。请遵循下面描述的 4 个步骤。

1. 创建内部 API。

2. 评估客户需求。

3. 定义 API 路线图和沟通计划。

4. 定义 API 业务模型。

## 创建内部 API

在开发新的食物配方时,你应该在把食物给别人之前先自己品尝。这样,就可以了解哪些配料有用,哪些没用。相同道理,在开发 API 时,一个好的开始方法就是首先定义内部 API。

亚马逊公司在首席执行官贝佐斯的强烈要求下,从内部 API 定义开始进行开发。贝佐斯发布了"API 宣言"。该宣言声明:所有团队将通过服务接口公开他们的数据和功能,并且团队必须通过这些接口相互通信。

与亚马逊类似,通力与其合作伙伴使用相同的 API 进行内部开发。芬兰最大的零售银行 OP 金融集团也开发了内部 API,并将其用于所有开发工作。由此,人们对 API 发挥的良好作用有了很浓厚的兴趣。

从内部 API 开始是有价值的,原因有两个。首先,它们有助于创建模块化架构,并将不同的开发工作相互分离。这一点很重要,因为模块化体系结构减少了可能产生各种复杂性的元素之间的相互依赖。如果存在相互依赖关系，改变一件事就需要同时改变其他几件事。相比之下，模块化的优势在于你可以在不改变其他东西的情况下改变不同的元素。

开发供内部使用的 API 时，你将学会创建模块化架构。你当然不可能第一次就成功，相反，你应该了解每个 API 应该具有哪些特性，以便它们能够很好地协同工作。此举不仅可以提高内部效率，也可以在将 API 提供给外部合作方之前学会如何进行架构优化。

其次，开发内部 API 有助于评估公司的优势。你可以通过 API 了解平台可以提供哪些增值服务。

要定义你能提供什么样的 API，你可以从分解业务功能开始进行分析。你的平台有什么样的能力或数据？它们对合作方是否有用？

例如，像拖拉机这样的农机有海量数据，你需要从中获取有用的数据。约翰迪尔开发了一个机器数据 API，可以检索机器数据，以便其他系统可以使用。

要开发内部 API，可以考虑：

- 哪些内部服务被组织中几个部门同时使用？
- 这些服务中有哪些服务足够标准化？
- 哪些服务能真正增值？

回答这些问题会帮助你建立起一个 API 能够提供的内部服务

列表。在下一步中，你可以开始规范 API 的技术，并开始试验它们的有效性。试验起到了助推作用。

## 评估客户需求

了解客户需求能帮助平台定义正确的 API 类型。客户试图解决哪些问题？API 真的有帮助吗？有时，向供应商和合作伙伴提供 API 可能有助于更好地服务客户。

例如，农户及其农作系统需要了解农耕条件，如土壤湿度水平和环境条件。农机上的传感器收集持续记录、存储和传输的数据。应用程序可以通过约翰迪尔的农业 API 访问这些数据，以帮助农户做出更好的决策。

在制造业中，客户和其他合作伙伴可以通过访问产品列表、产品详细信息、说明、配件信息、维修信息和商店定位而从中获益。公司可以利用 API 使这些准备工作更具价值。自定义 API 可以提供诸如产品购买和历史维护记录等个性化信息。

想要了解客户需求，你需要通过采访估算其商业价值。采访 3 至 5 位客户：你可以了解他们的业务流程是什么，也可以介绍你能提供什么样的数据和功能性帮助客户推进进程。你同样也要采访这些客户们的客户，这会帮助你理解客户业务的驱动力是什么，及它如何对其客户产生价值。

## 定义 API 路线图和沟通计划

把 API 当作一个简单的技术概念只会导致失败。当然,一个技术上设计良好且制作精良的 API 是必不可少的,但这还不够。API 也和其他产品一样需要策略和路线图。

在 API 策略中,你需要阐述如何通过 API 达成业务目标,这包括清晰的目标、优先级顺序和所需的资源。API 策略能够使平台按照目标进行组织,同时也能帮助你的客户和开发者外延服务制订规划。

API 路线图由 API 的功能及其时间节点组成。它能展现出开发团队正在打造的功能,包括每个开发项目的资源,这有助于根据战略和客户需求对开发项目进行优先级排序。

很多公司及其业务都依赖于你的 API,因此,改变 API 之前,你需要告知涉及的各方。如果没有预先提示和恰当沟通,某一个改动可能对你的合作伙伴造成致命损害,进而损坏你的声誉。

例如,通力 API 的产品所有者掌握着 API 的生命周期和路线图。对于每一个使用 API 的开发合作伙伴,通力有一位社区经理,这位社区经理会将 API 的更改或者其他信息传递给合作伙伴。此外,他们还从合作伙伴那里收集见解以改进 API。

为了确定你的 API 路线图和沟通计划,你应该不断思考、反复评估:

- 你想制造出的 API 是什么样的？
- API 的开发需要的时间和资源成本是多少？
- API 能为用户提供多少利益？API 能为平台提供的额外价值有多少？
- API 发布的顺序是什么（指先发布哪些功能）？
- 与客户沟通 API 的时间和方式是什么？

### 定义 API 业务模型

假设你想为公司构建一个应用程序用来分析推文（手机、网页、即时通信软件发布的消息）传达的情感。在这种情况下，你需要了解相关的推文。推特的搜索引擎 API 提供这项服务，它在你注册后的前 7 天是免费的，之后需要付费访问。其业务模型是免费增值模式，开始时免费，但如果你想要获得更好的数据，就需要付费。

业务模型界定了你利用 API 取得收益的方式。如何选择正确的业务模型是由 API 想要达成的目标决定的。最常见的业务模型包括免费模式、免费增值模式、收益分成模式和付费模式。

免费的商业模式十分适用于加速创新和扩大覆盖面等目标。例如，脸书想成为标准登录界面提供商，帮助不同服务系统连接到其用户生态系统中。因此，脸书的登录 API 是免费的。对于制造企业来说，免费 API 可以简化产品信息共享的流程。

收益分成模式则鼓励其他公司构建应用程序从而带来业务。例如，使用天巡（Skyscanner）实时定价 API 创收超过某一定额的应用程序和网站可以获得天巡的利润分成。天巡的实时定价 API 为客户提供"最新的民航票价信息，票价会随航线以及起降时间浮动"，方便他们进行价格比较和选择。

付费模式就是开发人员需要付费使用。费用可能依据 API 的使用需求和数据量制定或者是固定月费。例如，通力的 API 对开发者免费但是对物业提供商收费。物业提供商购买通力的电梯，并且支付月费使用 API。对物业提供商来说，API 的价值就是为租客和其他使用者提供先进的服务。

通力为合作伙伴提供免费的 API。合作伙伴会开发诸如送货机器人这样的解决方案，然后卖给物业提供商。当送货机器人需要用电梯时，它会调用 API。通力负责确保 API 的正常工作以及电梯以正确的方式响应。

由此，客户（指物业提供商）在通力购买了 API 使用权并从某个合作伙伴那里购买了解决方案。合作伙伴发展了通力的 API 网。作为交换，通力助力他们参与市场。另外，通力还保存了一份合作伙伴目录以及他们的解决方案。

起初，通力希望采用收益分成的业务模式出售合作伙伴的解决方案。但这样的话，公司就无法扩大其核心销售，尤其是在假设通力已拥有数百个合作伙伴的前提下，这样的模式是不可行的。

于是，通力选择让合作伙伴自行向客户售卖解决方案，而通力进行辅助推销。在解决方案热销并且非常符合需求的时候，通力还会建立更密切的合作形式，比如双方一起接触客户。

在通力思考如何为 API 收费时，一方面，他们需要考虑如何通过 API 影响与网络效应有关的价值创造；但在另一方面，收取费用会降低客户使用 API 的可能性，这反过来使因其受益的客户减少，继而令合作伙伴和开发人员获利减少，进而使得 API 的价值降低。如果合作伙伴和开发人员发现通力的 API 不具有吸引力，那么他们将不会提供基于通力 API 的增值服务。对于楼宇物业来说，这意味着应用这样的 API 将不会使他们在任何方面获益，因此，他们也不再有使用这种 API 的动机。

在思考 API 定价时，你同样需要考虑随着时间推移，自己希望如何发展平台的生态系统，尤其是，生态系统发展优先于利益的做法会持续多久。你越快开始为 API 的使用收费，就可能造成越少的人采用你的 API。但这种可能性并不是绝对的，所以正确的答案是生态系统的发展优先于利益并不总是必要的。

## 从产品生命周期的视角看待 API

在你完成 API 的开发并将其投入市场后，开发人员就会到位吗？其实不是这样。你需要营销和管理 API。要做到这一点，你需要有一个全面的开发者计划，以及产品生命周期视图。随着 API 的发展，你需要做好管控，以免引起因为急剧变化失去开发人员的支持，导致应用程序和服务不可用。

> **理解 API 的关键术语**
>
> 开发 API 时有许多商业和技术问题需要考虑。要使 API 成功，你需要一个开发者计划。它可以提供营销和技术支持，服务的客户是开发商以及可能来自小型初创企业或大型公司的程序员。
>
> 开发者计划提供例如 API 文档、发行说明和路线图等资源。该程序还会产生市场营销内容，包括特写和合作伙伴公告，以提高知名度和吸引用户。一个好的开发者计划可以通过培训和研讨会等方式教育用户，而且通常会收取一定的会员费。
>
> 在科技方面，开发者计划提供软件开发工具包（SDK）。通常，一个 SDK 包括一个或多个 API、编程工具、软件库和文档。通过提供 SDK，公司使第三方开发应用公司平台功能的应用程序变得更加容易。SDK 没有将设计权留给开发人员，而是提供现成的解决方案，使第三方应用更加一致。

> SDK 是为特定平台而设计的。例如，安装安卓应用程序需要安卓的 SDK 工具包，安装 iOS 应用程序需要 iOS 的 SDK，甚至安装脸书上运行的应用程序也需要脸书的 SDK。想想支付平台 Stripe 的例子，它希望尽可能多的商家使用自己的服务，因此，Stripe 为不同的编程语言和应用平台（如 iOS 和安卓）提供 SDK。
>
> 从业务角度来看，SDK 简化了开发人员的工作。而且，你还可以提供不带 SDK 的 API，让开发人员执行操作，这种权衡取决于开发人员的成熟度。

## API 采用生命周期视图需要采取以下步骤

> API 生命周期管理的步骤：
>
> 1. 推销你的 API。
> 2. 测试和管理。
> 3. 开发生态圈时要协同、有耐心。
> 4. 考虑开发行业 API 平台。

### 推销你的 API

根据 Programmable Web 的 API 目录，API 数量超过 23000 个。许多 API 失败的原因很简单，即很多人对它们闻所未闻。为了避免这种情况，你需要做推销。

你需要清楚谁是你的目标开发者，谁应该负责你的 API。一旦知道了这一点，就更容易制订一个营销计划。开发者营销活动包括开发者页面、社交媒体活动电子邮件清单和开发人员活动。

如果你能严肃对待 API，并建立一个生态系统，那么参与开发人员活动是必不可少的，而且需要长期参与。最著名的活动是苹果全球开发人员大会、谷歌 I/O 大会和 TrailheadX 新品发布会。

但工业企业也有自己的开发人员会议和项目。比如约翰迪尔开发人员项目。自 2014 年以来，它汇集了软件公司、经销商和农业服务提供商。今天，约翰迪尔开发人员项目支持数百家不同行业的软件公司，包括保险、农场管理、航空图像、财务赢利能力、土壤采样。

2020 年，约翰迪尔举行了有史以来最大的开发者大会——"与约翰迪尔共同开发"（Develop with Deere）。有超过 700 人和 120 家不同的软件公司参加。

### 测试和管理

在开发、发布、营销之后，你会对 API 有足够的认识。但是要想成功使用 API，你需要有一个长期的、完整的生命周期视图。到了这一步，工作也只是刚刚开始。

怎么知道你的 API 有一定影响力呢？很简单，通过测试。将度量标准与业务目标联系起来。我们能为你的 API 列出 4 个不同的目标：开启创新、扩展覆盖面、简化流程和赢利数据，每一个目标都需要不同的指标。

判断有多少合作伙伴为了创新在你的 API 上构建了新的应用程序，以及他们使用 API 的频率。如果你的目标是通过第三方应用扩展自己的平台，你可以通过这些应用来衡量新用户注册的数量。

为了简化流程，要了解有多少合作伙伴通过 API 将他们的系统连接到你的平台，以及在避免昂贵的集成时节省了多少的时间和精力。

想要衡量你在赢利数据和平台功能方面的影响，可以参考你的定价模式和增长率收益等指标。

衡量和跟踪你的市场影响。看看有多少开发人员持续地访问你的网址，注册你的开发者计划，然后用你的 API 开始和结束他们的应用程序。

API 不断发展和变化，最终会过时，然后不得不贬值。你需要管理不同版本的 API 并且跟踪之后的兼容性。出于这些目的，API 管理平台是非常有用的工具。

你的 API 被使用得越广泛，平台更新时，就会有越多的客户业务受到影响。如果你更改了 API，合作伙伴的应用程序将不能工作，你就会遇到麻烦。不仅用户会生气，开发人员也会失望，然后不再使用你的 API。

因此，以向后兼容的方式构建和进行更改是一种很好的做法。如果你破坏了 API，需要提前进行沟通，对业务和技术利益相关人员都是如此，以便他们能够做好准备。

恰当的目标和度量标准也不能保证成功。你依然需要透明的治理和组织模型。谁能决定？什么能决定？如何安排资源、解决冲突、决定路线图的改变？一些组织为首席技术官（CTO）设立了一个集中的 API 卓越报告中心，不过你也应该考虑其他模型。

## 开发生态圈要协同、有耐心

约翰迪尔的 API 和开发者之旅始于 2010 年左右。通力也在 2018 年推出首个 API 之后开始研究平台生态系统。建立信任需要时间和耐心，赢得团队和合作伙伴的信任至关重要。

因为电梯行业的特点，通力长期面临生态协同的压力。每个建筑都是独一无二的，这就需要大量的投资，通力的合伙人向业主出售他们的解决方案，满足某些建筑可能有的特殊需求。

智能建筑市场不同于智能手机市场。这里没有应用商店的数百万用户，智能建筑市场提供一种新的解决方案可能需要长达三年的时间。此外，建筑的生命周期非常长。10 年后，99% 的建筑依然存在。然而，其用途可以很快改变。这一点对于建筑改装市场至关重要。电梯业务相对集中。因此，即使是一家企业提供开放的 API 也是有益的，这会使合作伙伴的开发变得容易。

在这样的市场开发 API 和生态系统是很困难的。但通力看到了市场需求，并有长远、创新的想法，他们保持专注，从经验、测试和学习开始。

通力试图令合作伙伴加入其生态系统变得更简单，以此加速发展。随着合作伙伴数量的增长，它创造了一个"蜜罐"效应。随着时间的推移，他们的目标是让通力的客户和其他合作伙伴看到其附加值。通力的生态系统创造了一种积极的锁定效应。

然而，创建一个生态系统并不容易，这意味着销售流程的改变。对于通力来说，它不仅是在销售电梯及其功能，更是在销售面向未来的平台。而该平台与合作伙伴将为客户的问题提供解决方案。

通力对于长期保持一致的需求尤其强烈。没人想和一个经常更改规范和规则的伙伴合作，因为这将导致浪费。因此，协同性应该放在重中之重。

除了持续行动和改变你的商业模式，构建一个 API 生态系统需要重新构想销售流程。这意味着企业必须培训销售人员以应对挑战。

新的销售方法可能包括新的管理品牌的方法。例如，通力的合作伙伴的解决方案不是基于通力品牌的。合作伙伴为客户提供创新的解决方案。因此，从点对点角度来看，合作伙伴需要确保解决方案的响应，通力只确保 API 的工作。

但如有问题，不论什么原因，客户都可能会联系通力。因此，通力和合作伙伴需要有明确的流程分工。这样做有利于尽快解决问题。

企业应该管理生态系统品牌和服务体验。例如，通力的每位合作伙伴候选人必须通过通力合作伙伴的资格审核。通力也会定期评估其合作伙伴的解决方案的质量。安全、隐私和质量审计都是这个过程的一部分。这样可以确保合作伙伴创造符合质量标准的高质量解决方案。在使用时，通力 24 小时监控 API 服务质量。此外，通力希望其合作伙伴要为他们的解决方案尽心尽力。

### 考虑开发行业 API 平台

尽管约翰迪尔凭借其开发项目获得了令人印象深刻的发展势头，但它仍只是一家公司。并不是每个农民都买约翰迪尔拖拉机，因此并不是所有的数据都被约翰迪尔的开发者利用。

Leaf 成立于 2018 年，旨在连接数百个来自不同公司的农业数据资源来解决这个问题。Leaf 的 API 将约翰迪尔、AGCO、Trimble、New Holland 等公司的数据和 50 多家公共数据源整合。因此，在未来开发人员只需要与 Leaf API 集成，就可以访问所有这些品牌的数据。

通过 Leaf 的 API，开发人员可以访问标准化的、集中的农业数据。这些数据包括不同品牌的机器数据、田地边界以及由卫星、无人机和飞机拍摄的图像。田地边界可以通过多种农业服务提供商被导入、导出和跨域同步。

Leaf 是 API 优先的公司的一个样例。它可以说是一个联系参与者的中介。API 优先意味着 API 是访问公司核心服务的主要业务模式和方式。

API 优先的另一个案例是 Stripe。Stripe 的 API 允许支付功能快速响应你的应用程序，并确保支付体验一致。Stripe 创建了一家以 API 为主导的以智能设计选择业务为驱动的公司。它全面的 SDK 和文档使开发者的工作更轻松，并且注册过程自动化，提升了用户使用 Stripe 的 API 时的流畅度。注册后，开发者可以立即将 API 集成到他们的应用中，在沙盒环境中进行测试（沙盒是一个安全、隔离的环境，用于运行新的、未经测试的软件代码）。最后，Stripe 业务没有采用预付或月费模式，这鼓励了 API 的使用。该 API 的收费对于所有类型的银行卡是相同的，即使成本不同。

API 优先可能也是建筑和电梯行业的发展方向。通力还为竞争对手的电梯产品提供服务，它的竞争对手也曾有兴趣使用通力的 API。但通力的竞争对手现在已经建立了自己的 API，因此，通力可能需要像 Leaf 一样的第三方集成不同的 API。

## ☑ 要点回顾

基于 API 的"算法握手"效率高、成规模快设计一个算法自动连接到你的平台的参与方。第三方越容易连接到你的平台,他们就越能为你创造价值,反之亦然。在技术上,API 开发应该基于你的商业目标的驱动,你应该具有战略性并像管理其他产品一样管理它们。

### 从业务目标开始

- API 将如何改变公司?
- 客户需要什么?
- 哪些流程可以被 API 简化?

### 将包括业务模型在内的 API 作为产品管理

- 你可以通过 API 提供哪些内部服务?
- 你的 API 路线图是什么?
- 应该用什么标准来衡量 API 的成功?
- 什么是 API 的最佳赢利方式?

### 为 API 提供一个生命周期视图

- 你应该建立什么类型的开发程序?

- 如何营销你的API？
- 如何确保时间的一致性？
- 是否有必要开发行业水平的API？

# 第六章

创所未见

在转型研发移动操作系统前，谷歌是一家以搜索和广告业务为主的公司。几年后，它凭借安卓系统占据了约80%的手机市场。当时谁能预料到会是这样呢？只有谷歌自己才明白，公司需要发展并转型新的业务，以保持与时俱进。

谷歌的例子表明，传统的行业界限正在逐渐消失，新的竞争者总是突如其来。然而，这实际上是智能平台正逐渐成为成功企业重塑自己的常规操作。

智能平台通过重新设计整个价值链，大胆挑战现状，并进入了新的业务领域。因此，它们正突破传统行业现有的定义和界限，创所未见。

企业业绩的极大飞跃不仅取决于以数据为基础的持续改进，还取决于概念洞察力。这包括创造一个新的品类、商业模式或经营方式，即如何将平台扩张。仅在当前业务范围内的数据分析和推理远远不够；你还需要创造力和创新思维。在本章中，我们将概述几种可以激发概念洞察力的方法：

- 由外向内：从市场趋势和机遇出发。
- 由内向外：从目前的优势和资产出发。
- "如果我们进行并购会怎么样"：考虑如何利用另一家公司

的优势。

最后,我们将提供一些简单的心理学技巧,帮助你在产生概念洞察力的同时提高创造性思维。

## 概念洞察力需要创造性思维

第三章描述了平台开发程序需要经过3个基本步骤:始于专注、打磨并扩展你的平台以及打造高黏性社群。

虽然分析技术让平台公司当前的服务有了大幅改善,但这些公司还采取了更激进的举措,并发展了新的业务。这些举措是基于对不断变化的客户需求的更深理解和对新机遇的创造性认识而推出的。在某种程度上,它们得益于现有平台的成功——比如亚马逊网络服务及其人工智能的能力,这已经成为一项资产,使企业可以以新颖的方式进入新行业的各个领域。

我们将这些平台范围内不连续的、根本性的变化称为概念洞察力——一种以新颖的方式进入平台或将其带到一个新的客户群体中的创新性思维。概念洞察力通常是通过实验来实现主动扩展的。

对优步来说,概念洞察力包括从豪华轿车转向普通轿车,并扩展到递送包裹和外卖。这些变化之所以被称为概念洞察力,是因为无论优步如何分析其早期、简单版本的数据服务,都永远不会有后续的想法。例如，即使优步能够100%准确地建模和预测需求人员的交通和出行强度，进入包裹运输业务的想法也绝不会出现。事实上，平台的领导者不得不跳出现有的服务，寻找新的领域来扩展。

亚马逊的概念洞察力涵盖了它扩大品类的各种方式，包括第三方卖家、Kindle阅读器的推出、订阅服务的引入以及云服务的扩张。例如，Alexa是一个语音控制的智能助手，与亚马逊智能音箱Echo协同工作，并连接到各种智能家居应用程序。如果你忘记锁门，只要说"Alexa，锁门"就可以了。Alexa于2014年推出，到2018年年底，亚马逊及其硬件合作伙伴已售出超过1亿台Alexa驱动的设备。

早在2014年之前，亚马逊就在研究自然语言处理和语音控制。亚马逊的工程师们一定已经明白，语音识别能力正在达到接近人类的水平，很快就会有超过90%的准确率。2013年，谷歌上的语音搜索量开始上升，并且有明显的上升趋势。随着语音识别变得更快、更方便、更准确，人们开始把它当成一个可行的用户接口。

这种市场趋势和新技术能力的结合产生了一个独特的机遇。例如，如果消费者开始使用语音搜索，那么谷歌对搜索的主导地位将会减弱。亚马逊抓住了时机，将业务扩展到智能助手的新领域——这是亚马逊网络服务平台的一次演变。

这些举措就是概念洞察力，因为亚马逊对图书销售的全面分析和优化永远不会致使其他产品类别或第三方卖家的引进。同时，平台的领导者必须想出创造性的想法来扩展服务。

对于脸书来说，概念洞察力的建立则包括：引入动态消息、"喜欢"按键和事件群组；改善广告模式：脸书信使（Facebook Messenger）；还有许多其他功能的增强。虽然数据分析对于衡量所引入功能的质量和性能至关重要，但创造这些功能的想法还是来自公司成员的努力。

创建概念洞察力有多种方法。它们的共同之处在于，你要推出各种各样的想法，然后选择最好的选项，进行进一步细化并补充。你需要大量想法，因为很难提前知道哪些想法会成功。在找到正确的道路之前，需要探索许多途径。

为产生大量想法，你需要一些方法来提高思维中的创造力。不过，你提出的想法应该是合理的。产生大量创意的一个有效方法是，从一系列事物的原点开始思维过程，然后从每个原点扩展到新的方向。只要把这些原点套入现实和公司目前的状况中，你就有足够的机会获得合理的见解并付诸实践。

## 由外向内：从市场趋势和机遇出发

创造概念洞察力的一个直接方法，就是观察当前的市场趋势和机会。例如，亚马逊会评估用户使用语音搜索习惯的变化。通常情况下，你可以看到特定的市场分支或类别正在增长。具体的技术趋势也可能创造新的机会。认识到这些外部发展，可以令你更好地考虑你的公司如何抓住这些新出现的机遇。

　　Alexa 的例子说明了将新技术与你当前的核心业务联系起来的潜力。它的成功不仅源于亚马逊对 Alexa 的技术开发，也源于它营销和推送 Echo 的能力，这推动了该平台的成长和成功。

## 通过下面三步，发展由外向内的概念洞察力

要开发由外向内的概念洞察力，请遵循以下步骤。

1. 监测并研究外部趋势。
2. 类比其他行业。
3. 探索潜在的合作伙伴。

### 监测并研究外部趋势

为了认清市场趋势，你需要自己掌握一些有关消费者和市场的情报。你可以从行业杂志和网站上发表的一般市场评论中取得。在早期阶段，你不需要分析那些最微小的机会。

此外，人工智能使跟踪和发现趋势更加简单。人工智能可以以闪电般的速度处理数千份文档，发现文本中的模式，将其聚合并发现新趋势。例如，一家公司的内部市场情报团队可以与人工智能公司合作，开发一种从杂志、论坛和其他在线渠道提取数据的工具。该工具将创建一份关于新兴趋势的报告，市场情报团队还可以为高级管理团队准备月度报告。

近年来，网上购物的趋势日益增长。首先需要考虑的是，必须有人将线上购买的商品送到消费者手中。许多邮政和快递公司顺势崛起，并随着需求的增长而增长。优步由此获得了概念洞察力。它通过 UberRush 向快递领域扩张，因为其领导者认识到快捷的重要性。优步首席执行官希望把优步变成一家物流公司。首先，UberRush 专注于本地零售商，但这个利基市场的扩张速度不够快。然后，优步将这种洞察力应用到另一级，即送餐服务，并推出了优食。

这与技术的情况类似：你通常可以根据对技术及其机会的回顾来识别趋势。虽然你的研究和开发专家可能擅长于处理公司当前技术的细节，以及开发即将到来的下一代产品技术，但当涉及概念洞察力时，公司核心之外的技术往往会提供下一个机会。或者，更准确地说，它是公司当前的核心与新技术所支持的活动的结合体。

为从公认的外部趋势中开发概念洞察力，你可以进行如下操作。

（1）制作一份有10~20张幻灯片的演示文稿，介绍与公司业务直接或间接相关的核心市场和技术趋势。

（2）举办一个研讨会，展示市场发展趋势，然后让参与者详细阐述这些趋势，以及它们对你们的业务和行业的潜在影响。

（3）在研讨会的第二部分，要求参与者形成潜在的想法，这些想法是关于公司如何与趋势相联系或以新的方式应用相关技术的。

（4）收集所有的想法，并让团队进一步完善最理想的想法。

### 类比其他行业

打造由外向内的概念洞察力的另一个出发点是与其他公司进行类比。你可以向一家在其他行业有类似情况的公司学习，查看这家公司的选择和行动，并考虑自己的类似行动。

例如，一家零食公司拥有一个能将其产品销售到零售渠道的有价值的品牌，它可能会认为迪士尼是一个合适的类比对象，因为迪士尼会制作电影和电视节目，然后把它们卖给分销商（主要是电影院和电视网络）。然而，在意识到在线流媒体的重要性后，迪士尼推出了自己的流媒体服务。它希望利用其品牌价值和独特的内容来吸引更多消费者。如果成功，它将绕过传统的分销渠道，并有可能向第三方开放其平台，如此一来，通过迪士尼在线服务播放的电影和电视节目不必由迪士尼自己制作。随着越来越多的消费者被大量可获得的内容所吸引,并按月支付费用,迪士尼也从中受益。此外,它还可以实时获取消费者的观看偏好和模式数据。例如,它现在可以精确地看到哪些场景或台词导致观众点击暂停或换台,从而开发出更吸引人的节目。

类似地,这家零食公司可以考虑创建自己的平台商业模式。除了通过零售商的网店销售零食,它还可以推出自己的网店。如果品牌足够强大,就有可能通过在线商店这一独家渠道提供独特的产品,而且在价格上再有吸引力,大量的消费者会发现线上商店值得访问。这样的流量也将使该公司向其他零食公司开放线上商店。它可能会成为一个新的线上购买零食的中心。另外,大量收益还将来自其他在平台售卖的公司赚得收入的提成。该公司还可以通过分析不断增加的实时消费者数据,不断改进其产品和服务。

B2B 公司也可以类比迪士尼。考虑这样一个案例:一家工业设备制造商销售机器备件。目前,该公司的运作方式就像传统的迪士尼一样——自己生产零件,另一家公司负责分销。不过,它可以寻求建立一个平台,直接向工厂出售机械和零部件。之后,它还可以将平台扩展到其他制造商的产品和相关产品。通过这种方式,它可能会为工厂打造一个高度增值的服务平台,一个拥有所有机械和备件的"一站式商店"。这种"一站式服务"将为其他制造商提供一个高效的销售和分销渠道。制造商将通过该平台获取销售收入分成。但更重要的是，平台可以收集和分析所有交易和其他数据，以持续改进其产品和服务。这个例子与利乐的备件和服务市场非常相似，我们在第三章"专注行动，打造社群"中讨论过。

使用类比产生的新想法通常是最有创意的，但也是最难的。类比法更能产生创意。它更具创造力，因为它将思考的出发点移出了公司当前的核心业务。相反，它从不同公司的角度出发，这可能会导致你与旧业务之间的距离越来越大。

正如我们的例子所说明的，你的类比可以来自你的行业或其他不相关的行业。然而，无论你在哪里寻找类比，都要注意深层的相关性。一个公司可能表面上看起来与你是相关的，因为它在相同的地理位置或使用相同的技术，但这种类比在更深层次上可能是不相关的，因为该公司与其业务可能有着根本不同的结构。

例如，在丑闻暴露之前，由于不正确的类比，安然（Enron）冒险进入宽带业务。安然的领导者们发现，宽带行业与安然的部分业务有着相似点。他们认为，在燃气和电力业务中使用的分包模式在宽带业务中会有很高的利润。他们的推理是建立在行业之间表面相似的基础上的。两者都存在需求碎片化、技术和立法变化以及高资本密集度导致的产业结构变化。然而，该公司的领导人没有意识到，与天然气和电力不同，他们无法通过类似的标准合同有效地进行宽带交易业务。此外，在宽带业务中，建设客户网站的最后一千米需要大量额外成本。因此，安然的宽带业务损失惨重。

要使用类比来发展概念洞察力，请遵循如图6.1所示的顺序。

（1）反思在当前的情况下，什么是关键力量，是渠道还是技术、法律变革，还是其他力量为公司创造了新的契机？

（2）为公司找出相关的类比。列出至少5个不同行业的10家公司，它们都曾面临过类似的情况，并已经采取行动解决了这种情况。绘制类比的步骤，并考虑你的公司会采取哪些类似的行动。

（3）选择3条最好的路径进行进一步的发展。进一步思考，

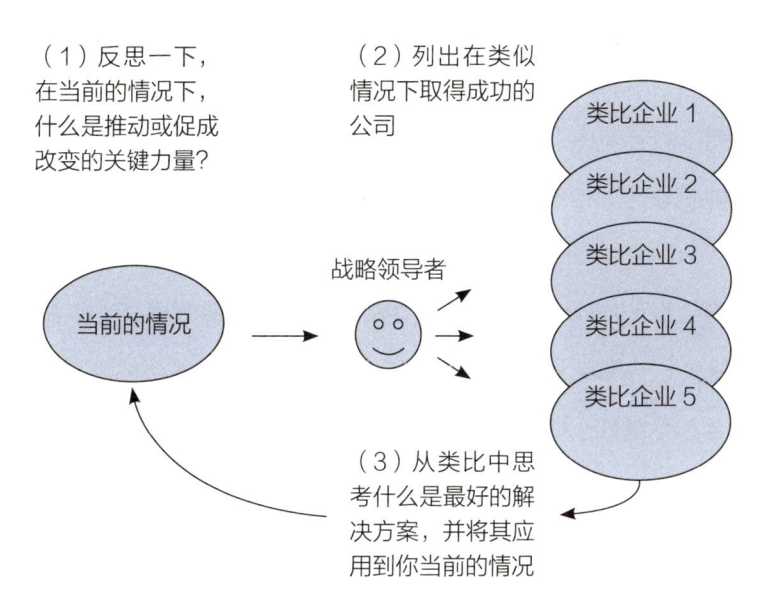

图6.1 使用类比来为当前的情况提出新颖的想法

如果你的公司采取类似的行动，结果将是什么样的？

### 探索潜在合作伙伴

一个另辟蹊径的做法是考虑如何与另一家公司合作。在这种情况下，可以将合作伙伴公司与自己的资本和能力结合起来。这种组合将使你设想出新的潜在业务。将两个通常被认为不具互补性的产品或服务结合在一起，可以创造出惊喜的和增值的东西。

亚马逊也是通过这种方式成长起来的。2018年，亚马逊与摩根大通（J. P. Morgan）和伯克希尔·哈撒韦（Berkshire Hathaway）共同成立了一家合资医疗企业 Haven，以改善员工的医疗服务。这是一个非营利性企业。这种方法背后的一个概念洞察力是，医疗保健成本不断上升，且与关注患者结果的服务日益脱节。建立一个以客户（即内部员工）为重点的合资企业，帮助亚马逊创建了新的产品，并学习在未来扩大在医疗保健领域产品的新能力。

航运公司马士基与国际商业机器公司（IBM）成立了一家名为贸易透镜（TradeLens）的合资企业。该合资企业利用马士基在航运业的核心知识，创建了一个基于区块链的全球贸易平台。他们的目标是降低全球航运成本，提高供应链的可视性，消除基于纸张的流程带来的效率低下问题。

贸易透镜平台连接托运人、承运人、港口、码头运营商、物流供应商和货运代理。他们实时共享可操作的供应链信息，例如运输里程、货物细节、贸易文件和传感器数据。贸易透镜还提供应用程序接口，允许外部合作伙伴使用其数据促进创新、构建应用程序或连接旧系统，如第五章"从'算法握手'开始"所述。

合作伙伴关系还可以加速技术的采用，增强创新能力，这对公司或平台的发展至关重要。例如，许多公司正在用混合现实（通过耳机或其他屏幕将真实世界和虚拟世界结合起来）重新设计他们的设计范式。沃尔沃和波音就在其中。他们都与芬兰初创公司瓦尔乔有合作，我们曾在第三章"专注于行动，打造社群"中讨论过这个公司。瓦尔乔使设计师能够使用来自物理世界的实时光源，在混合现实中浏览逼真的虚拟物体。这种技术创造了一个沉浸式的新设计环境，改变了设计师的工作方式。在设计过程的早期，我们可以模拟出更真实的设计。它还支持从人机交互设计中收集数据。

通过探索潜在的合作伙伴来发展概念洞察力，你应该：

（1）列举几家潜在的合作公司。

（2）考虑这些公司的能力和利益相关者。

（3）想象一下，如果把能力和利益相关者的因素结合起来，你能做些什么。

## 由内向外:从目前的优势和资产开始

发展概念洞察力的第二种方法是从你现有的技能、能力、资产和资源开始。看看你如何能以新颖的方式利用它们,做出截然不同的事情。

例如,苹果长期以来一直有能力开发功能不断增加、尺寸不断缩小的设备。它还拥有一个有吸引力的消费品牌。在开发了 iPod 音乐播放器之后,苹果公司意识到它可以添加手机功能,把它变成智能手机。但在此之前,它与摩托罗拉进行了试水,联合发布摩托罗拉 Rokr E1 手机,Rokr E1 可以连接苹果的音乐服务 iTunes。史蒂夫·乔布斯对手机的质量和设计并不满意,还担心手机会消耗 iPod 的利润。但有了新的洞察后,他开始开发 iPhone。

iPhone 一经问世,进一步开发的一个自然方向就是制造更小的、类似 iPhone 的设备——智能手表。因此,苹果领先的技术和能力使它进入了一个新的产品类别。

苹果的概念洞察力为公司打开了新的视野。在 iPhone 问世之前,它主要关注电脑和便携式音乐设备领域,但后来转向了完全不同的领域。通过苹果手表(Apple Watch),苹果进入了另一个由佳明(Garmin)、博能(Polar)和颂拓(Suunto)等专业智能手表品牌主导的新领域。

这些举措也使苹果得以扩展其平台。苹果手表提供了一个额外的子平台，吸引了新的参与者（比如健康和锻炼应用程序的开发者）加入了这个生态系统。

关键的一点是，苹果有许多与这些领域相关的想法和开发项目，并最终专注于那些它认为最有前途的领域。同样，你应该考虑如何利用公司目前的优势和能力来实现各种目的，然后选择最有前途的想法，进一步发展。不断变化的消费习惯和时机也应该是影响决定的关键因素。

## 发展由内向外的概念洞察力

要使用由内向外的方法，请遵循以下步骤。

发展由内而外的概念洞察力的步骤：

1. 找准优势，学会利用。

2. 想象每种优势的不同用途。

3. 选择一个成功的组合。

## 找准优势，学会利用

公司通常认为自己的独特优势是理所当然的，因为你看到你的公司每天都在发挥它的优势。实际上，有些事对你来说容易，对别人来说可能很难。因此，思考和记录公司的优势是很有用的。

执行团队可以推动这个过程。例如，在 2003 年，亚马逊高管团队在一次高管静思会上分析了公司的核心能力。最初，他们专注于电子商务本身，比如履行和运输订单。但在深入挖掘之后，团队意识到亚马逊还在运行着可靠、高弹性、低成本的高效数据中心。云计算由此诞生。向第三方提供这种服务的首例创举是 2006 年推出的亚马逊网络服务（Amazon Web Services）。竞争对手反应迟缓，使得亚马逊得以抢占可观的市场份额。

你可以指派一个项目团队来确定公司目前的技能、能力、资产和资源。团队应该确定 10~20 个最重要的项目。

对能力的组成保持开阔的视野。如果你从事的是某个专业的领域，你所掌握的先进技术技能可能不突出，因为你的竞争对手也有相应的技能。但你可能仍然是世界上少数几个拥有这些技能的公司之一。因为你可以利用当前市场类别之外的各种产品和服务的技能。

经典的 VRIN 框架可以帮你看到优势的构成要素：

● 有价值（Valuable）：这个资源或能力能否产生价值？例如，纯净水是有价值的，铀和顶尖的编程能力也一样。

- 稀有（Rare）：资源或能力是稀有的还是普通的？铀和顶尖的编程能力比水更罕见，因此，这更有可能成为优势。

- 独一无二（Inimitable）：它可以被复制吗？例如，经营场所很容易被复制，但复制最新的编程能力就不那么简单了。

- 不可替代（Non-substitutable）：它能被替代吗？你可以在大多数任务中用混凝土代替瓷砖，但你不能用伐木工人代替程序员。

你也应该考虑潜在力量在平台时代的表现方式：这种力量是否因为网络效应而变得愈加强大？例如，由于网络效应，在特定服务中拥有众多用户会变得更有价值，铀则没有相似的价值。

### 想象每种优势的不同用途

一旦认识到自己的优势，就要考虑一下它们的其他用途。你可以通过几个方面利用优势。例如，干净的水可以用来饮用、制作苏打水、淋浴、用高压水枪镇压暴乱等。同样，你拥有的东西也可以用不同于现在的方式去使用它。

特斯拉在 2015 年向家庭能源系统市场的扩张就表明了一家公司如何找到利用其优势的新用途。特斯拉在汽车电池的生产方面已经展示出了显著的能力和竞争力。同时，家庭能源系统市场需要储存太阳能电池板能量的解决方案，而太阳能电池板只在白天发电。特斯拉开发了两种电池解决方案：特斯拉能量墙以及特斯拉太阳能屋顶。

虽然这些解决方案已经是可使用的，但特斯拉的品牌、设计和解决方案架构激发了消费者和市场活力。上市4年后，特斯拉能量墙已经有了显著增长，首席执行官马斯克甚至预测，它最终可能比特斯拉的电动汽车业务更重要。很多人认为，特斯拉实际上是在从事分布式能源行业。

亚马逊进入医疗保健行业的过程是由从外向内和从内而外两种方法结合而成的。2019年，它收购了一家专门为每天服用多种药物的患者开具处方的在线药店Pillpack（这已经不是亚马逊第一次考虑进入这个市场了。它已经投资了Drugstore网站，但随后出售了自己的股权权益）。

亚马逊最初的做法是从外向内，从医疗成本上升的市场趋势所带来的巨大市场机遇出发。美国药店每年的处方药支出为3970亿美元，其中近50%的利润被前三大家药店获取：西维斯健康（CVS Health）、沃尔格林（Walgreens）和美国快捷药方公司（Express Scripts）。

然而，亚马逊也考虑了从内向外的方法。通过与Pillpack的交易，它收购了一个名为PharmacyOS的后端软件系统，该系统可以自动更新处方续签、账单保险、获得供应商的授权和发送通知。亚马逊将这一点与它目前的优势联系起来——航运、Prime计划以及向亚马逊旗下的全食超市（Whole Foods Market）的客户营销Pillpack的可能性——为Pillpack在药品市场上加速增长创造了机会。

在实践中让你的团队确定自身优势,并以这些优势为每种技能、能力、资产和资源提出至少五种不同的用途。通过这种方式,你将得到至少 50 个潜在的可以发挥公司当前优势的业务。

请要求至少有一半的潜在业务分布在不同的品类或市场,这样你就能确保各种各样的激进想法出现,而不仅仅是对当前业务的增量改进。

将潜在的业务按主题分类,以便你将相互重叠的想法结合起来。选择最有前途的想法进一步发展。

### 选择一个成功的组合

好的组合可以事半功倍。这取决于你选择合并哪些"优势",以及你如何合并它们。因此,仅仅找到新的、有价值的方法来发挥你的优势是不够的,你还应该考虑各种不同的组合方式。哪些优势应该结合起来?每种优势的哪些潜在用途将创造出最大的价值?

回顾过去,苹果从 iPod 到 iPhone 和苹果手表的发展似乎是顺势而为水到渠成的。但事实上,苹果公司是考虑了不同的方式来充分发挥自己的优势。它可以利用自己在计算、消费电子产品和品牌方面的能力,进入或创造了许多品类——例如,汽车制造、增强和虚拟现实或家庭自动化。

苹果所考虑的一些可能性比其他公司更接近成熟,因此,该公司得以更快地将它们推向市场。不过，从长远来看，苹果也在考虑如何以新颖的方式将这些优势结合起来。

例如，苹果执行了一个进入汽车市场的项目。2014 年，该公司聘请了 1000 多名工程师加入了一个名为"Titan"的制造电动汽车的项目，但该项目在 2016 年将重点转向人工智能和自动驾驶汽车软件。2019 年 6 月，苹果公司收购了 Drive.ai，一家自动驾驶汽车初创公司，并助其发展。有传言称，该公司将在 2026 年推出一款自动驾驶电动汽车。虽然苹果在这一领域的计划尚不清楚，但到目前为止的情况已经表明，领先的平台公司在扩大平台范围之前，经常会尝试和试验新想法。

在实践中，你可以看看你现有优势的潜在用途清单。考虑各种用途的组合，并想象你可以用每个组合创造出什么。有些组合很可能是无用或愚蠢的，但其中的一小部分可能会创造出新奇的、意想不到的价值。

## "如果我们进行并购会怎么样"

第三种创造意外精彩的方法是考虑潜在的收购目标。想象一下并购可能会带来的新的平台元素。当你列出来自不同行业的有吸引力的前景时，这个心理练习可以为你的思考提供更多随机的起点。

例如，通力在 2020 年试图收购其竞争对手蒂森克虏伯（Thyssenkrupp），以整合电梯行业，但最终得出的结论是风险太高。然而，它也可以考虑收购各种其他类型的公司，并考虑并购对其产品和服务生态系统的影响。

通力也可以考虑像塞科利达（Securitas）等安保公司。通力在其 2021 年的年度战略报告中表示，公司通过电梯、自动扶梯和自动门来管理大楼中的人流。收购一家安保公司可以将这种服务模式推到一个新的水平。通力还将更积极地监控进入楼宇的人员，防止未经授权的访问并警告不速之客。这种扩展方法使通力能够处理楼宇中的所有人流，并开发用户界面，以更智能、更主动的方式管理他们。

## 使用"如果我们进行并购会怎么样"模式的三种方法

考虑使用"如果我们进行并购会怎么样"的模型来发展概念洞察力。

> 通过"如果我们进行并购会怎么样"来发展概念洞察力的 3 种方法：

> 1. 用平台化功能改造目标公司。
> 2. 使用目标公司的平台功能来改变商业模式。
> 3. 购买平台功能改变商业模式。

## 用平台化功能改造目标公司

如果你已经有了平台化能力，那么你可以利用它们来改变其他公司及他们的产业。根据定义，在数字化和平台化方面，大多数行业都落后于领先的行业，如媒体和电信。因此，如果你是一个先行者，你在其他行业会有很多很好的机会。

2017年，亚马逊进行了其最大的一笔收购：以137亿美元的价格收购美国全食超市。亚马逊曾尝试过实体零售业务，比如食品杂货配送服务亚马逊生鲜（Amazon Fresh）以及2015年开设的亚马逊实体书店。反思这些冒险，亚马逊已经意识到，虽然实体店永远不会消失，但购物的未来将是线上和线下的融合体验。亚马逊已经对不同的替代品进行了"如果我们进行并购会怎么样"的分析，并考虑购买全食超市，但最终还是决定放弃。

然而，当一个新的机会出现时，美国全食超市与其他潜在收购者进行一轮竞标时，亚马逊介入并达成了交易。

自完成收购以来，亚马逊利用其核心业务，将亚马逊Prime会员计划整合到全食超市中。全食超市通过Prime推出了提货和送货服务，在两小时内提供送货上门服务。全食超市也作为亚马逊在线客户的取货点，扩大了该公司的平台。

随着全食超市的加入，亚马逊从线下购物平台中获取数据，为平台开发创造了新的概念洞察力。这些数据与来自其在线平台的数据相结合，为训练人工智能和机器学习算法创建了一个更具实质性的数据集。这种改进的机器学习能够更好地定位产品目标，令亚马逊的学习循环变得更好。

现在，让我们把这个例子倒过来。如果你是全食超市，你能找到一家具有平台化能力的公司来帮助你转变商业模式吗？

## 使用目标公司的平台功能来改变商业模式

如果你的公司尚不具备平台化能力，你可以通过获取这种能力来加速进程。如果你大胆去做，它会帮助你改变你的商业模式，成为一个真正的先行者。

2020年1月，维萨（Visa）打算以53亿美元收购Plaid。Plaid是一家API优先的公司。它让人们可以很容易地将他们的金融账户与他们用来通过API管理自己财务生活的应用程序安全地连接起来。通过这一举措，维萨计划将自己定位为一个不断发展的智能平台，并有了一个新的增长基础，其规模使Plaid增长得更快。尽管美国司法部希望阻止这次并购，但并购仍然可行。

Plaid最初是一个纯粹的消费者支付API，它连接了消费者、传统金融机构和开发者。它对 API 安全性的关注已经赢得了银行、开发者和用户的信任。最初，它为开发者提供了对银行数据的访问权限。2017 年，Plaicl 收购 Quovo，将其业务扩展到投资和贷款领域。收购后，它推出了一个基于 Quovo 的新 API——"投资"。新的 API 通过获取客户的投资数据来为他们的应用程序提供动力。

正如我们所看到的，Plaid 遵循了我们在第三章中概述的 4 个步骤来构建它的平台。它从密切关注开发者和使用支付 API 的用户开始，并通过并购逐步扩大其业务范围。对它可以进入投资和贷款业务的概念洞察力导致了它对 Quovo 的收购。反过来，维萨通过与 Plaid 的合作扩展了其平台能力。

作为传统行业的另一家运营商，美国零售连锁店塔吉特（Target）感受到线上购物增加的威胁。虽然塔吉特拥有自己的优势，比如其已建立的库存和运营体系，但转型成为在线商店并不是一件小事。除了需要创建具有吸引力的电子商务网站和内部流程，客户物流也是重大的挑战。消费者希望他们的物品能送到家里。他们经常从送货速度最快的商店购买。

为了加快向在线商店的转型，塔吉特在 2017 年以 5.5 亿美元收购了 Shipt。Shipt 是一家专注于当日送达的平台公司。Shipt 拥有一批买手，他们是该平台上的关键利益相关者之一。在收购时，他们已经有 2 万名买手了。他们从由消费者（平台上的另一类关键利益相关者）指定的各种零售商那里挑选商品，然后交付给消费者。

通过收购Shipt，塔吉特可以加强其在该平台上的地位。它不再只是众多零售商中的一家，而是成为消费者的首选。通过这种方式，塔吉特正在成为一个多边平台，它通过买手将各种产品的生产者与消费者联系起来。

到2020年年底，尽管新冠疫情带来了挑战，但塔吉特的转型已步入正轨。事实上，疫情使得网络渠道比以往任何时候都更加重要，这提高了公司的利润水平。据公司董事长兼首席执行官布莱恩·康奈尔（Brian Cornell）说，他们经历了"前所未有的市场份额增长和历史性的强劲销售增长，无论是在我们的商店还是在我们的数字渠道"。为了强调Shipt平台的重要性，塔吉特还宣布，将在2020年冬季假期之前再增加10万名买手。

有时，你不需要清晰的业务案例来证明你所获得的能力。你可能会认识到某个潜在的相关能力的重要性，并购买具有这种能力的公司。当你一旦开始将新功能与现有业务集成时，你就可能创所未见。例如，脸书遵循了这一逻辑，在2019年收购了Chainspace，这是一家总部位于英国的区块链初创公司，由伦敦大学学院的研究人员创立。Chainspace一直在使用区块链合同开发的智能合约，当满足某些条件时，这项服务可以在不需要人类参与的情况下激活合约。在未来，脸书可能会将智能合约直接集成到它的产品中或者以其他方式利用 Chainspace 的功能。

现在反思一下：哪些公司可以为你的公司提供有价值的新平台功能？

### 购买平台功能改变商业模式

有时候，"如果我们进行并购会怎么样"的想象来自你感知的对你的平台的直接威胁。脸书收购"WhatsApp"就是一个很好的例子。脸书已经有了自己的即时通信服务，它完全可以与之竞争。但考虑到"WhatsApp"天文数字般的增长率，脸书以令人难以置信的 190 亿美元收购了它。脸书得出的结论是，人们总是会使用一系列不同的短信应用程序。

同样的洞察力还适用于脸书收购流行的社交照片分享服务 Instagram。意识到人们使用多种照片共享社交媒体服务后，脸书继续与 Instagram 一起扩展其服务功能，并很好地模仿了 SnapChat 中所谓的"故事"功能。同时，脸书保留了被收购平台的独立性，没有将其与自己的核心业务合并，从而避开了收购竞争对手的公司后的整合困境（以及频繁的失败）。

通过 WhatsApp 和 Instagram，脸书获得了新的数据来源，它可以利用数据更好地了解消费者的行为，并使其消费者基础货币化。这种基于数据的学习，将加速其学习循环的发展，我们在第四章"构建学习闭环"中讨论过这一点。

然而，对新数据的访问也涉及隐私和数据所有权的问题。脸书真的能够在其他地方使用其从新获得的服务中的数据吗？它曾计划在其核心数据中分享和使用来自 WhatsApp 的数据，但由于监管投资限制，这一计划被搁置。然而，在 2020 年脸书再次考虑整合其平台与 WhatsApp 和 Instagram 的基础设施，打造它们之间的数据共享大门，并更好地将合并后的用户基础货币化。

你的公司是否有可能收购的潜在竞争对手？你是会从合并这些业务中获益，还是让这两个公司分开会更有意义？

## 管理人员和情绪，以激发创造力

到目前为止，我们已经考虑了寻找概念洞察力的思维模式和相关信息。为了使这四种技术更加完善和有效，你也可以通过心理学上的实践支持他们，确保团队成员注意到所有相关信息，并通过协作激发他们的想法。

> 激发创造力的步骤：
> 1. 在实践中提高创造力。
> 2. 管理情绪，以提高创造力和发展概念洞察力。
> 3. 创建足够多样化的团队。

4. 有条不紊——系统地、批判性地选择自己的想法。

### 在实践中提高创造力

在我们所描述的发展概念洞察力的所有方法中，第一步是收集某种信息：外部、内部、类比的或收购目标的。通常，当公司在执行战略项目时，人们会将这些想法收集到演示文稿中，然后单独（在设备上）或集体（在研讨会上）查看。问题在于，人们只会快速浏览，很少多次回看，也很少同时查看其他幻灯片。然而，如果人们多次回到相同的原点，并以一种迭代的、非线性的方式思考，那么创造性思维、想法阐述和新颖的联系就更有可能出现。因此，为你的洞察创建一个真实的图书馆是有帮助的——而不仅仅只创建一个数字存储库。当然，借助先进的工具，你还可以将它变成虚拟图书馆，就像资料陈列室一样。

为了实现目标，我们应采取以下步骤：

（1）以视觉形式收集各种类型的输入材料，并将其装在你会议室的墙上以激发洞察的过程。这确保了所有团队成员都能充分接触所有的输入信息，并且识别出彼此之间看似相距甚远的潜在联系。

（2）确保人们多次参观这个"图书馆"，并完成其中部分工作。这有助于团队成员思考和积累想法。此外，内部互动可以激发创造力。

（3）通过使项目可移动的方式（例如，通过将它们写在便利贴上），来实现想法的重组和重新分类。提供大量空白纸和活动挂图，这样人们就可以记下新的想法。当每个人都看到墙上的想法的发展过程，团队的集体智慧就会积累起来，更有可能产生新的价值，而不是支离破碎或重叠的想法。

（4）经常拍摄墙上的照片以持续反馈和改进。

### 管理情绪，以提高创造力和发展概念洞察力

你和你团队成员的心理过程会产生概念性的洞察力。情绪在很大程度上影响着人类的心理过程，因此，你需要管理在这个过程中产生的情绪。在这个过程的不同阶段，你需要产生三种基本的情绪状态。

首先，在创造新想法时，你需要产生积极的情绪。人们在积极的状态下更能有创造性的思考，因为当人们处于积极情绪时，他们大脑中的联想链会更长。这意味着它们可以连接更远的数据点，并使人们看到活动之间的模式，使人们能够超越显而易见的东西。积极的情绪氛围创造了社会动力，人们可以放心地说出他们尚未成熟的想法，这对于阐述新想法是必要的。

其次，在评估想法时，你需要把积极的氛围转变为更具批判

性,甚至是消极的氛围。在评估阶段,你需要找出你的想法的弱点,而消极模式下的思维在这方面对你有所帮助。大脑研究表明,在轻度消极状态下,人们的思考更有逻辑性、更关注细节。

最后,在详细阐述和提炼想法时,你需要提升同理心,以便将所有利益相关者的观点充分整合到概念洞察力中。在与利益相关者互动时,表现出同理心会使他们更有可能诚实地与你分享相关的信息,使这个概念对他们更有吸引力。在神经学层面上,有意识的移情促进了镜像神经元的激活。这有助于你或你的团队成员从利益相关者的角度看待概念。

你可以通过以下方式来管理情绪氛围。

**分享亲身经历**。展示你需要团队成员体验的情感。研究表明,领导者的情绪对团队成员来说是强大的,你可以充分利用这个机制来发挥你的优势。

**音乐**。在会议前和休息期间播放能引起所需情绪状态的音乐。

**食物**。当你需要积极的情绪时,要确保人们都有足够的能量,不会因为饥饿而感到烦躁。

**地点**。舒适的场所和设施可以带来积极的情绪,而轻微的不适会激发更多的消极情绪。例如,你可以在懒人沙发上进行头脑风暴,然后坐在硬板凳上进行评估。

### 创建足够多样化的团队

创造力来源于以新颖的方式结合不同的想法,而不同的人以不同的方式思考。因此,提高创造力和发展概念洞察力的方法之一是让团队中更多的人参与发展概念洞察力。

你应该从不同的角度来考虑多样性——不仅仅是性别、年龄和种族。一个重要但经常被忽视的因素是人们体验的多样性。这包括他们的教育、工作经历和其他冒险经历。你不要聘用具有相似背景的人,而是选择来自不同地方的人,例如不同的学校、公司、职位,不同的典型业务部门等。

此外,还要考虑性格和思维方式的不同类型。你既需要思维敏捷的人,也需要深思熟虑的人;即需要性格外向的人,也需要性格内向的人,还需要有能掌控大局的人和关注细节的人。正是他们的结合产生了新的联系,创造了意想不到的惊喜。

### 有条不紊——系统地、批判性地选择自己的想法

到目前为止,我们已经讨论了为概念洞察力创建一连串潜在想法的不同方法。下一步是缩小范围,并选择进一步完善哪些想法。

首先,需要定义评估想法的相关标准。例如,考虑人工智能平台时,使用的标准可能包括:

- 对平台上各方的吸引力：平台是否为各方都提供价值？
- 是否可以解决"先有鸡还是先有蛋"的问题（如何让各方都乐于加入平台），如果可以，如何解决？
- 整体业务潜力。
- 技术和法律可行性。

其次，你需要系统地将你的标准应用到正在评估的想法中。通常，此任务的第一步是分配一个分析团队来收集相关数据并对其建模。此外，你可能需要专家的定性意见、与潜在合作伙伴和客户的讨论以及实验。

最后，你可以利用实践来更详细地评估你的想法，并更深入地挖掘事实和数据。在评估想法的后期阶段，一种行之有效的技术是正式辩论：指定一个团队为一个想法辩护，另一个团队反对。团队辩论时，他们确定了与该想法的潜力和可行性相关的进一步的方面。此外，一场积极的辩论以一种正式演讲所不具备的方式为这一过程注入活力。

## ☑ 要点回顾

创所未见是业务的一个基本步骤。它关乎超越当前的行业界限，并转移到下一个层次。它关乎从静态的、老式的战略转向更动态的战略。要做到这一点,你需要概念洞察力来确定下一步要做什么。发展概念洞察力有三种关键方法。此外,无论采用哪种方法,你都应该引导你的团队和组织的心理过程来激发创造力。

## 由外向内

- 外部趋势为公司创造了什么新的机会?
- 你能做出类似其他公司所做的事情吗?
- 能否通过与其他公司合作创造出有价值和独特的东西?

## 由内向外

- 你目前的优势是什么?
- 你能用新颖的方式和组合来运用你的优势吗?

## "如果我们进行并购会怎么样?"

- 你能用你的能力来改造一个目标公司吗?
- 你能通过收购一个平台公司来改变你的商业模式吗?

## 引导心理过程

- 你是否有过引导员工的心理过程以激发概念洞察力的实践?
- 你的团队是否足够多样化?

# 第七章

## 围绕人工智能进行部署

由于平台协助各方交互，我们往往会从平台参与者的角度来思考网络效应，但我们也可以利用人工智能和网络效应进行部署，提高企业内部效率。

本章重点介绍公司的内部资源，展示人工智能和平台如何驱动新型的组织结构。秉承传统的组织设计难以获得最佳的价值创造成果，因此，许多组织选择将新的组织设计融入传统的组织结构中，但这种做法益处有限。这就好比认为数字化就是将纸张文件转为电子文件，但仍保留同样的文件处理过程。的确，企业在部署人工智能时"对许多流程进行广泛变革"可以获取更大收益。波士顿咨询公司的一项研究显示，这些进行广泛流程变革的公司获得显著经济利益的概率是那些"微调少数流程"公司的5倍。

人们经常将新的组织设计改造成旧流程，而非利用其潜力来创造更好的工作模式。例如，一项对制造业公司的经典研究发现，在先进的技术变革面前，员工们仍会想出各式的变通方法来避免改变其工作日常。新技术使他们能够实现各种活动的自动化，然而员工们并未学习如何使用自动化技术，而是想了一些变通方法：在利用自动化技术的同时继续手动执行工作，最新的自动化技术并没有提高其行动速度。公司最终降低了对新技术的预期，新技术没有实现其领导者预期的收益,也没能通过改进工作流程来实现更高收益。

对人工智能应用的研究与上述现象极其类似,我们的实践经验也证明这类现象普遍存在。例如,尽管像多宝箱(Dropbox)、微软聊天(Microsoft Teams)和谷歌文档(Google Docs)等协作软件正在被广泛使用,但许多人仍然坚持自己原有的日常工作步骤,把文件下载到硬盘上后通过电子邮件发送,造成了其他软件本能解决的低效问题。你要注意不要让这种"避免高效使用技术"的变通方法发生在人工智能的部署过程中。

为了从人工智能的使用中获益,你需要考虑人工智能将如何改变你的部署方式。这可以帮助你从新技术中获得巨大的益处。考虑一下人工智能如何实现动态任务分配、人才匹配和最优团队创建。

但这种变革不会一夜之间发生。你的员工未必都相信人工智能的决策。因此,首先允许人工智能只提出建议,然后逐步提高人工智能的自主性,这或许会有所帮助。

对于拥有大量实体基础设施的公司来说,使用数字孪生将自己从物理限制中解放出来的做法大有益处。数字孪生是公司基础设施的数字复制品,你能在模拟环境中灵活套用人工智能模型,而不必在现实世界中测试它们。因此,你可以更快地模拟某些思维过程和智能行为,并在一个安全的环境中测试人工智能。

我们将介绍人工智能的 3 种赋能方式,使你的组织能够利用人工智能的变革力量：

- 用人工智能取代正式组织层级。
- 逐步学习与人工智能一同工作。
- 用数字孪生超越发展中的物理限制。

## 用人工智能取代正式组织层级

传统的组织结构是为了补偿人的有限理性而发展起来的。人类在做决策时只能考虑少数有限的选择项和信息。因此，传统的组织结构包括各个层级和各种子单元。每个子单元都有自己的目标，从而确保各单元成员能集中有限的思维能力实现该目标。但遗憾的是，这种关注也会导致他们仅仅优化了短期的本地流程，这是以在更长的时间内执行整个组织的端到端流程为代价而实现的。

人工智能超越了人类有限的理性。因此，它使组织能够更有效地组织他们的任务和流程。

从组织的角度来看，人工智能最重要的特点是可以在任何时段同时获悉组织内的所有事项。一旦某个子单元检测其相关活动，并将数据连接到人工智能中心，人工智能就会保存组织中所有已发生事项的流程。这使得人工智能能够预测事项将如何发展，以及哪些类型的后续行动会带来最优结果。

在人工智能驱动下的组织中,组织层级不再重要。我们无须将人们的角色和能力简化为一般的类别,如区域经理或软件工程师。相反,人工智能可以为组织中发生的每项活动找到最优人选。

## 如何用人工智能取代正式组织层级

从特定领域开始,用人工智能替代正式的组织层级,可以遵循以下 6 个步骤:

1. 使用人工智能动态分配任务。
2. 使用人工智能精准匹配专业知识和任务。
3. 使用人工智能创建最优团队。
4. 使用人工智能协调关联任务。
5. 增强与人工智能的变革沟通。
6. 界定人工智能的边界。

### 使用人工智能动态分配任务

人工智能可以随时监测到所有的内容,这使得不同公司能以不同方式组织活动,并将第三方动态连接到平台上。这就是优步管理司机的方式，没有中层管理人员会告诉每个司机应该去哪里，但人工智能会自动派单。优步在没有中层管理人员的情况下运营和协调数千名司机。相比之下，在传统的层级制度中每10名员工可能需要一个中层管理人员。

人工智能还能在更复杂的环境中管理任务分配。以垃圾回收为例：传统意义上，垃圾回收公司有固定的行车路线，垃圾车会定期行驶。如7号卡车每周一都会沿着预定的路线从城市东南部的楼宇和住区中收集垃圾。垃圾车会收集沿途每个垃圾桶里的垃圾，然后驶向下一个垃圾桶。

传统的垃圾收集过程平稳但低效。有时垃圾桶太满，顾客满意度会降低，因为人们不喜欢看到垃圾桶外有垃圾。由于工人需要收集地面上的垃圾，收集速度也会变慢。有时垃圾桶相对较空，这意味着垃圾车去那里是徒劳的——它本可以下周再来以节省宝贵的工作时间。

每天都有数百个垃圾桶需要清理，人们可以更动态地优化收集过程，垃圾车只需开到那些垃圾量满到临界点的地方。这样每辆垃圾车可以服务更多居民，提供更高质量的服务。这正像一家名为Sensoneo的垃圾回收公司所做的那样。

组织垃圾回收的智能方式包括3个要素：①垃圾桶中的传感器，用来测量垃圾桶中的垃圾量；②其他信息来源，如天气和道路施工公告；③人工智能算法，每晚为垃圾回收公司的每辆垃圾车规划一条新路线。此外，这些系统可以利用额外的资源来满足高峰期的需求。

人工智能算法会计算出从几乎装满的垃圾桶中收集垃圾的最优方式。它为每辆垃圾车规划一条路线，清理所有关联的垃圾桶，每条路线都尽可能缩短。算法还考虑了道路施工和天气造成的交通堵塞和其他细节。此外，当垃圾车在个别地点的回收效率很低时，该人工智能系统可以向第三方司机发起竞投。这些司机可能是那些有小型卡车或其他适合收集少量垃圾的车辆的人。如果有司机接受了此次竞投，该地点将不会包含在公司自己的行车路线之内。如果无人接受，人工智能会重新调整一辆垃圾车的路线来处理这个位置的垃圾。

垃圾车司机的路线不再由他们的经理和日常路线决定，而由一种人工智能算法取代，它会考虑所有相关的、最新的信息来做出最佳选择。此外，公司在资源配置方面将会有更大的灵活性，因为它可以通过其在线平台对单个地点的垃圾回收服务进行分包。

你的组织如何分配任务？你是否依赖于某种惯例，让每个员工每天都做同样的任务而不考虑整体情况？或者你是否依赖那些了解当前需求和职员可用性的员工和中层管理人员？有没有可能用人工智能将这些工作自动化？

## 使用人工智能精准匹配专业知识和任务

当组织需要执行一项任务时，员工个人的素质会决定他们是否应该执行这项工作。这些素质可以是与工作相关的技能、人的实际位置、语言技能、人际交往技能或者人可以从事的其他生产性活动。

传统上，组织层级中的岗位员工是任务技能和实际位置的执行人。然而，随着组织愈来愈复杂，二者变得越来越不相关。之所以会出现这种情况，是因为合理分配任务要考虑的维度，远多于单个岗位如何胜任的维度。与其让每个人都归入一个固定的角色，不如为每个人设置多个"标签"，比如几项技能和素质。然后，你需要确定最适合某项任务的人选。

然而，在近代管理史上的大多数阶段里，用多个"标签"协调几十个人的行动是不可能的。这是因为一个组织中有许多活动在持续进行，一个人可能胜任许多任务。然而，一个随时且同时能看到所有事项的人工智能可以模拟出在个体之间分配任务的最优方式。人工智能可以计算出如何实现组织整体生产力的最大化，而不是只着眼于任意单个任务或个人的生产力。

从个人的角度来看，一个流动的组织意味着他们从人工智能那里获得日常任务分配结果，然后执行工作。他们可能有和过去一样的团队成员和任务，但也可能有变化。虽然这需要一些对变革的容忍度，但人们可能会喜欢这种工作方式，因为他们可以将自己的技能发挥到极致。此外，人工智能还可以在组建团队时优化人际关系。

## 案例分析 使用人工智能匹配患者与医疗保健供应商

在各个领域，为完成任务找到合适的专家往往是巨大的挑战。例如，你的膝盖突然不舒服，想找一个在这方面经验丰富的医生。但你从来没有得过这类病症，因此不能评估某个潜在的医生是否匹配。当你浏览医生们的个人资料时，你发现他们列出的专业领域非常模糊。

一些医疗保健平台使用由欧洲软件公司 Futurice 开发的解决方案来应对此类问题。该平台并不依赖于医生在个人资料中列出的关键词来界定他们的专业领域，而是使用人工智能来确定医生的专业知识。人工智能会查阅医生先前行医的相关记录，例如病历、电子邮件和医学刊物，以了解他的业务业绩。然后，人工智能会推荐最适合病人的医生（人工智能还会考虑其他因素，如位置和优先价格）。该平台通过这种方式利用先进的人工智能实现了更有效的匹配。

人工智能算法的使用不仅限于医患匹配业务。客户还可以带着任何与医疗和健康相关的需求进入平台，无论是不明原因的胸痛、淋巴结肿大、减肥欲望或情绪亢奋。客户只需简要描述他们的需求，人工智能算法就会为客户匹配最合适的服务提供商。例如，背部疼痛可能会使人工智能为患者匹配理疗师和家具公司。这将确保服务能缓解背痛，并改善客

> 户的生活条件来预防背痛。
>
> 　　请注意人工智能是如何以一种全新的方式组织整个工作流程的：客户与在线平台联系；不同的服务提供商从后台加入在线平台；人工智能通过解读他们过去活动的文本数据来确定他们的技能和能力；然后，人工智能将客户与一组服务提供商匹配，并确保他们以正确的顺序和一致的方式执行服务。客户得到了全面的服务，但期间并没有人为控制的整体活动安排。人工智能公司不直接提供服务，但人工智能会组织每个服务提供商在正确的时间和正确的地点执行他们的服务。

　　你的组织如何将专业知识与任务相匹配？你是否依赖于别人的头衔？例如，公关经理是否总是在处理与沟通相关的事情，而不管他们是否对沟通足够了解？客户关系经理是否仍然在处理与客户相关的工作，而不考虑对客户焦点问题（特定技术）的理解？或者，你是否有一个内部的员工技能数据库，也许会时不时被更新但从未使用过？如果人工智能协助你找到最有能力胜任的人，你的组织能够提高多少效率？

### 使用人工智能创建最优团队

　　除了为个体匹配特定任务，人工智能还可以帮助你组建最优团队。数字创新咨询公司 Futurice 使用一种名为 BubbleBurster 的算法来为特定的任务组建新团队。当客户端发送请求时，该算法会为客户找到最适合该任务的专家。例如，这个团队可能包括一个具有相关行业专业知识的人、一个与客户有过联系的人，以及一个具有相关内容专业知识的人。这些人加在一起可以为客户创造更多的价值，这要远远超过公司数百名员工中的任何潜在组合。谁应该参与客户服务，是通过人工智能（而不是经理）的决定来实现的。

BubbleBurster 算法打破了组织结构中由人类有限理性造成的"筒仓"。传统上，当你有几百名员工时，没有人能够了解每个人以及他们的技能。因此，你创建了组织层级，你任命了 5 个副总裁，每个副总裁负责管理 7 个中层经理，每个中层经理手下大约有 10 个团队成员。这种层级结构是必要的，因为一个人可以充分、严格地监督约 10 个人的工作。

层级结构的有效性在于可以根据功能或其他维度来划分人员。例如，无线电工程师在一个副总裁手下，软件工程师在另一个副总裁手下，营销人员在第三个副总裁手下，等等。你也能根据地理区域来划分你的员工。无论如何，彼此相对独立的单元都有可能被创建，团队可以在此单元内部完成大部分工作。

然而，层级和任务分工带来了意想不到的副作用，即"筒仓"的形成。由于每个部门成员主要关注与本部门有关的事情，他们很少考虑其他部门正在发生什么，因而他们也很少接触到其他部门成员的专业知识。因此，他们往往最终在自己内部做无谓的重复或未能利用其他部门的专业知识来完成关键任务。由于人工智能能够同时管理所有事项，并持续了解每个人的活动和专业知识，组织对独立部门的需求开始减少。在一个全面部署了人工智能的组织中，组织成员没有正式的职位。相反，他们被"定位"在由管理者和员工组成的团队中。人工智能总能从团队中选择最佳人选来完成组织中要执行的每一项任务。人工智能之所以能够做到这一点，是因为它了解每个人的技能、网络、位置、可用性、机会成本和其他相关属性以及任务需求。

由这样的团队执行的任务也可以为组织产生新任务：例如，第一个团队可能会开发若干市场机会，进而确定一个新任务来更彻底地调查那些市场机会。然后人工智能会从团队中选择一组人员来处理第二个任务，以此类推。为第二项任务选择的人可能与执行第一项任务的人相同，也可能不相同——这取决于他们是否适合这个任务。每个成员将始终执行那些对组织最有利的任务。在最理想的（也许是乌托邦式的）愿景中，即使是战略制定和其他由执行团队负责的领导职责，也可以用这种动态的方式来处理。

朝着无层级、无角色、支持人工智能的组织方向迈出的第一步是使用诸如 BubbleBurster 算法之类的工具，这些工具可以帮助你打破任务或会议的藩篱。你还可以创建几个"小团队"，按照上面描述的方式选择最优员工完成任务。例如，你可能有一个负责特定地理区域或客户群的员工团队，那么该地区或区域的每个任务，人工智能都会为其匹配一个最优团队。

## 使用人工智能协调关联任务

人工智能赋能的组织能够协调任务之间的相互依赖性。每个人都必须在特定的时间点完成规定的产出。这些产出作为下一个任务的"原材料"，就像实体产品在装配线上一样。传统上，任务间的协调问题是造成流程固化的原因之一。有了先进的人工智能解决方案，更为动态的协调成为可能。即使任务链频繁变化，人工智能也可以对每个任务的输入端、输出端和时间序列进行建模。

举例来说，考虑一个智能施工现场，其中实时记录每个子任务的进度数据。在建设项目中，各种任务是相互关联的。在前一个任务完成之前，不能开始下一个任务，例如水泥要在电力工程开始之前实现干燥。在智能施工现场，人工智能会显示水泥干燥的实时数据，根据天气和其他因素，这一过程可能需要4到8周的时间。这些实时数据会用于协调其他活动。在初阶解决方案中，根据第1周的数据预测，电工会在水泥干燥后到达现场。

在接下来更加高阶的解决方案中，人工智能会提出额外方案，如通过加热和通风加速水泥的干燥程度。如果这些干预方案产生的成本，低于水泥缓慢干燥和相关工程造成延误所带来的损失，那么就可以执行这一方案。换言之，人工智能正在监测工程的发展并提出所有相关后果的纠正方案。

与智能系统相比，传统方法中人类有限的理性限制了项目经理的考虑范围。他们的施工计划往往是这样的：安排一个水泥工人在第四周到达，按平常估计，电工在第七周到达。他们会根据规划者的经验和判断做出估算。

然而，这些计划并没有充分考虑施工现场条件对水泥干燥速度的影响。他们不能完全考虑到与每个任务相关的细节，因为一个建设项目有数百个任务。没有人能对每项任务及其潜在的关联开发有更深入的专业知识。

项目持续进行，水泥工人在第四周到达，涂抹完水泥后离开工地。之后水泥开始干燥，工人们则忙于其他工作。第七周电工抵达。他们检查完水泥后发现还不够干，遂决定一周后再来。他们将此事告知施工经理，虽然很生气，但施工经理也别无他法。

施工经理随后通知负责安装顶部装饰板的人电气工程已经延期。但他们并不在意，因为按计划安装人员在两个多星期之后才会来，而且还有其他一些正在进行的项目。他们甚至没有考虑过通知负责下个任务的团队此装修工作将会推迟。

在这个例子中，有限理性对组织的影响非常明显：每个人只考虑自己的任务及其对下列任务的影响。然而，没有人意识到整个工程及其间的各种相互依赖关系。施工经理在通知负责装饰面板的人员时会考虑第一波影响。然而他们没有考虑后续的影响：延误给后期工作造成的影响。

更重要的是，当水泥没有在第1周如预期干燥时，施工经理没有做出反应。他们没有监控水泥的干燥情况，因为施工现场还有许多其他工作要做。他们没有精力去监控水泥的干燥情况，而且在此方面专业知识有限，因而他们不知道水泥干燥缓慢会带来什么影响。施工经理对水泥缓慢干燥所造成的延误成本也不甚理解，因为他们没有意识到任务之间相互依赖的影响。因此，施工经理没有预测水泥干燥过程将如何影响整个项目的进度和成本，而是认为问题并不存在。他们没有关注水泥的干燥情况，也没有采取纠正措施来加速干燥。他们放任问题出现，然后在问题升级到不容忽视的程度时再做出反应。

情况变得更加复杂，因为每个建筑工地上都有很多同时进行的任务。施工经理同时监控水泥的干燥和其他任务的进展情况。这些任务中的每一项都可能对其他任务产生一些影响，而这些影响又会对其他任务产生影响。人类的有限理性不可能总是看到所有的关联项，也不可能更新一个人的心理预期，如事态将如何发展及在何处需加干预。

相比之下，一个先进的人工智能解决方案能够结合动态监控，不断模拟每个子任务的进展并为相互依赖的任务建模。人工智能还可以识别哪些干预措施可以提供最大价值，然后投入额外的资源来实现这些干预措施。

人类是有限理性的，一次只能看到一些东西，但是人工智能可以实现统揽全局、时刻监控。这种无处不在的监控能力使它能够推荐对整个组织和流程最有利的操作，而不仅仅是优化有限的子任务。对于你的组织来说，哪些最基本的端到端流程可以从基于人工智能的协调中获益？在哪些情况下，前端团队的行动会导致后续流程的实质性延误？

### 增强与人工智能的变革沟通

除了与任务分配、人员配置和日程安排有关的具体决策，人工智能还可以增强软管理技能，尤其是人工智能可以协助定制变革沟通。人们的性格会影响他们对变革的接受程度。例如，不同的国家身份或教育背景可能导致员工对组织变革有不同看法。因此，组织应该定制变革沟通以符合目标受众。

传统上，中层管理者会定制组织变革沟通。作为高层管理者和员工之间的桥梁，他们负责向上传达高层关心的问题，向下转述高层下达的指令。他们了解自己的团队成员，因此能够强调最能激励他们的变革。人工智能使组织能够自动化地向不同的团队定制话术。人工智能像是认识组织中的每个人，可以理解他们的喜好。

智能分析可以帮助你确定哪些个性特征和态度会影响人们对变革的反应及其影响方式。例如，可以利用定制化的沟通将沟通场所从私人办公室转移到更愉快的开放式办公室。你要与外向者沟通一下这种安排会如何创造新的互动机会，也要对内向者强调将有充分的措施来确保安静的工作条件。由于人工智能可以确定员工的个性特征，因此它可以选择发送给每个员工的信息。

你可以通过一些简单的方式来定制变革沟通，比如从首席执行官演讲的视频开始，描述演讲中与每个人最相关的地方。组织中的每个人都会看同样的视频，但人工智能将确定演讲的哪一部分最能引起他们的共鸣。因此，不同的人会在这段演讲中得到不同的启发。这样的定制可以从引入变革管理素材，延伸到系统的、整体的变革策略制订，从而量身定制整个变革体验。

组织已经拥有了其成员的各种相关数据。例如，你知道他们目前的职位、工作经历、年龄、性别、学历和其他特征。你可以通过从未被开发过的、新颖的数据来源扩展这些数据，例如社交媒体平台或可穿戴设备（在道德和法律允许的范围内）。

## 界定人工智能的边界

至此，以上实例已经强调了人工智能驱动的组织所具有的灵活性和动态性。你则需要为人工智能界定一些边界。

举例来说，施工现场中有一个总进度表通常来说是有益的。但一些子任务有严格截止日期，例如水泥必须在 6 个星期内干燥，即使会产生额外的费用，因为诸多的其他活动取决于水泥干燥的时间。

只有这样，人工智能解决方案才不会重新安排所有关联的任务，而是采取干预方案来加快水泥干燥的速度。建筑工地上的每个人都知道按时把水泥弄干是当务之急，他们也相信水泥会如期变干。这确保每个人都准备好同时开始下一阶段的工作，并提高了总体工作效率。

同样，垃圾车司机的路线焦点和长度应该有一些边界限制。如果司机在熟悉的地方工作，他们的效率可能会更高，公司也不会让他们过度劳累。这明显表明，虽然人工智能提供了实时理解和动态调整，但这些任务必须在人为界定的合理边界内进行。

## 学习使用人工智能

变革不会一夜之间发生。你的员工和你自己对新技术有不同的期待和假设。尽管每个人都可能赞同变革不可避免地要长期进行，但他们可能在短期内抵制人工智能和平台模式。你面临的挑战是将恐惧转化为力量，正如我们在第一章中讨论的那样。

对于一个组织来说，它需要有明确的目标、角色和决策规则。人工智能也是如此。如果人工智能只是辅助决策而员工认为它应该做出决策，就可能会导致糟糕的情况出现。如果组织的成员期望人工智能做出决策，但是管理者并不信任人工智能并自行做出决定，情况可能也会变坏。

你要确认使用人工智能的目的是什么。是在寻求不同选择或自动决策的建议？还是想让人工智能获得影响决策的新参数？你需要了解人工智能使用的背景，谨记它是在新数据中发展的。正因如此，人工智能可以改变一个组织的工作方式，因为它能获取更多。从人类的角度来看，这些步骤中的每一步都会塑造不同的组织架构。我们的目标不是使世间万物都实现自动化，而是设计一个能让人工智能的潜能与任务相匹配的架构。

## 如何学习使用人工智能

我们建议遵循以下 4 个步骤在组织中推进部署人工智能。不要从一开始就自动化所有事项。这里需要系统地推进并应用我们在第四章中讨论过的学习闭环。

> 学习使用人工智能的步骤：
> 1. 允许人工智能提出建议，但人类保留决策权。
> 2. 允许人工智能依据预设的标准进行自主决策。
> 3. 利用人工智能为人类制定新的决策标准。
> 4. 允许人工智能根据其获得的数据做出自主决策。

## 允许人工智能提出建议，但人类保留决策权

在这一步中，人工智能可以是你最好的顾问，但它不会代你做出任何决策。因此，这是安全的第一步，因为你正在学习使用人工智能。

人工智能可以在几秒钟内分析人类一生都无法处理完的大量数据。基于预设的标准，人工智能会为人类推荐可供选择的各种选项。人们在选择时会获得掌控全局之感，也很可能喜欢和人工智能合作。

回到本文人工智能选择团队来执行特定任务的例子。此方案基于国际商业机器公司开发的一种方法，某位人员定义了与团队绩效相关的参数。该人员考虑了团队成功完成任务应该具备的技能。他或她依靠经验和直觉来识别所需的特征。例如，该参数可以是团队中至少有一个成员具备以下所有属性：

- 5年云计算编程经验。
- 5年客户行业工作经验。
- 与客户有旧交。
- 已获商学学位。
- 法语流利。
- 欧洲中部居住。

人类将为人工智能系统定义这些属性。人工智能会在公司的

数据库中搜索合适的员工，并提供一个最佳团队的组建建议。人工智能可以用各种方法来识别所需的技能（除了正式的简历和技能数据库），如我们上面讨论的文本分析。例如，人工智能可能会建议组建一个三人团队：

- 人员1

——来自美国且经验丰富的云计算程序员。

- 人员2

——与客户沟通超过5年的市场营销专家；

——法语流利；

——住在欧洲中部。

- 人员3

——最近在新加坡获得工商管理硕士。

获得提议后，人们可以决定是否接受人工智能的建议。比如说，人们可能会认为拥有以上三种特征的人不会发挥多大作用。因此，他或她可能会拒绝人工智能的这个建议（并可能在标准中添加一个限制条件）。

如果人们拒绝了人工智能的建议，人工智能会搜索替代方案。人工智能也可以被编程为提出多种可选建议的模式，比如三种可供人类选择的方案。人工智能会协助人类决策，但不直接做出决策。

你可以在哪些决策中使用来自人工智能的建议？考虑一下你的组织中每天做出的各种决策。这些决策中哪些包含了可以被人工智能编程的标准和属性？你是否应该联系供应商为你创建一个人工智能系统来强化这些决策？

### 允许人工智能依据预设的标准进行自主决策

在这一步中，你可以决定决策的标准，让人工智能基于这些标准做出自动决策。在上文的团队选择案例中，人类可以定义用于选择团队的标准，让人工智能自动确定团队组成并安排团队工作。

你可以用这种方式来提高效率。在第一步中学会相信人工智能的建议后，你就可以采用这种方式。当你注意到你或你的团队已经接受了人工智能的 20 条建议后，你就可以得出结论：人工智能能够自主工作了。

但这一步也存在挑战，因为人们创建的标准可能是不成熟的。例如两个员工之间可能存在个人冲突，因而他们不能在同一个团队里。如果没有将其列入标准之中，人工智能则不会考虑这种冲突，即使这在公司里人尽皆知。因此，如果你同时考虑如何最大化利用机器学习，这将会有所帮助。

### 利用人工智能为人类制定新的决策标准

人工智能可以观察团队在特定任务中的成果，分析他们失败或成功的原因并发掘团队选择的新标准。人类可以理解这些标准，但有些也可能非常复杂且难以解释。

如推荐一个最佳团队时，人工智能的决策会基于团队成员的属性，而不是依赖于人类的定义。人工智能可以通过分析（相关的）过去项目的表现，并将其与项目成员属性、项目目标以及与项目相关的各种其他属性特征进行比较来推荐。关键在于哪些属性能够准确预测团队的表现（而不是依赖于人类的直觉和预先设定好的想法）。谷歌发现心理安全是影响团队绩效的关键因素之一。

人工智能识别的一些特征的相关性可能是显而易见，如客户的行业及国别。此外，它们还可能包括其他非直接相关因素，如季节因素或项目团队成员的身高。

如果人工智能可以访问项目沟通数据的话，它就能从中推断出团队成员的性格。它可以在没有定义标准的情况下得出结论，例如，使用能带来心理安全的语言的团队比其他团队表现更好。

一旦人工智能确定了相关的属性，它就会搜索符合这些特征的员工。在识别出相关人员后，它会提出一个或几个可供人类选择的替代方案，然后人类就会做出选择。

"使用人工智能制定标准，人类保留决策权"面临的一个挑战是：人类可能不理解人工智能推荐的团队或建议结果。对于人类来说，这些选择可能看起来是违反直觉或者是错误的。

人们很难按照对自己没有意义的建议行事，然而有时这样做是有益的。例如，一流的对冲基金文艺复兴科技基金（Renaissance

Technologies LLC）广泛应用人工智能，但其员工有时并不理解人工智能给出的建议。尽管如此，他们仍能获利，人工智能会报告一些反直觉的异常信息，而这些异常是机器学习检测到的，但很难解释。

因此，这种方法需要决策者勇于给予人工智能以信任。

为了防止大家盲目信任人工智能，你可以投资可解释的人工智能领域，这指的是其建议更容易为人们所理解。首先，在可行的情况下，你应该选择包含显性逻辑的算法，你还需要创建一个解释界面，为用户解释基本原理。一些使人工智能更易于解释的新技术正在开发中，你需要跟踪这些最先进的解决方案。作为一名高管，要认识到额外投资可能是值得的。

### 允许人工智能根据其获得的数据做出自主决策

最后一步，让人工智能学习并做出自主决策。例如，人工智能可以观察团队在特定任务中的结果，并发现他们失败或成功的原因。它会根据这一点调整选择团队的标准。然后，它会自动为接下来的任务分配团队成员。

这种方法至少有两个实质性的好处：具备效率且不受他人偏见的影响。你获得了效率，因为没有必要来解释智能方案或为此展开人际论战。你也不会受他人偏见的影响，因为没有人会推翻人工智能的建议。此外，随着人工智能从绩效数据中不断学习，

第七章　围绕人工智能进行部署

它很可能对影响团队成功的因素有更好的理解。因此，它可以创建比人类更强大的团队。

这种方法的缺点是其缺乏人类的预见性和控制力。人工智能可能会学习有益的模式并做出最佳决策。然而，当出现与过去有实质不同的情况时，人工智能可能会做出错误的建议，而人们会看到这种明显的影响。

此外，随着人工智能被赋予更多的思考责任和控制权，人类在组织中成长为管理者角色的机会也越来越少。没有人工智能时，低层管理者只能通过反复决策来理解业务逻辑。但是当这些决策完全实现自动化时，这些管理者反而失去了实践的机会。

然而这种方法依然是有用的。你可以从简单的自动化决策开始。哪些决策可以嵌入人工智能中？一旦你熟悉并开始信任人工智能，下一组交给人工智能的自动决策会是什么呢？

## 用数字孪生超越发展中的物理限制

位于芬兰尤卡雀巢工厂的工程师刚刚将新数据加载到一个系统中。一周的生产过程几秒后就模拟完成了。一位工程师检查了结果，并根据模拟结果调整了生产参数。一个由西门子建立的准确的数字孪生模型使这项模拟成为可能。数字孪生可以快速模拟现实生活中的事件，比如生产过程等。

现实世界难以管理。试想一个拥有复杂控制系统的造纸厂。如果工程师们想要测试一种新的算法来改进流程，那么他们要花上几周甚至几个月的时间来进行测试。此外还存在风险，有些东西不起作用或者一个新的流程都可能会导致失败。

因此，公司需要数字孪生。数字孪生是对现实生活中的生产过程、生产系统、物理资产和运营行为的数字化呈现。人们经常把数字孪生与工厂和制造业联系在一起，数字孪生可以模拟现实生活中的任何东西，甚至是一个人。因此，公司可以将数字孪生用于多种用途。

有了数字孪生，你可以真正围绕人工智能进行组织。如果你为你的平台引入数字孪生技术，新的可能性就会出现。例如，你可以通过模拟生成数据来训练你的人工智能模型，如优食这样的外卖服务。正如在第四章"构建学习闭环"中所述，优食建立了模型来预估出餐时间，以便安排适当的取货时间。此外，这个模型还能预测餐食的送达时间。每一份新订单都会产生更多的数据，从而改善系统。因此，它基于真实世界的数据，开发出了一个更加精确的制作和送餐数字孪生过程。不久，它就可以运行模拟测试，在不需要实际送餐的条件下优化路线。算法准备就绪后，将被部署到生产中。开发人员还可以进行人为干预，在可视化配送地图上观察快递员的行为，进而实现改进。

换句话说，在数字孪生的开发过程中，你可以超越物理限制。

# 如何构建数字孪生

遵循以下 4 个步骤,组织就可以应用数字孪生。

> 用数字孪生超越物理限制的步骤:
> 1. 将数字孪生思维引入组织。
> 2. 建立平台的数字孪生。
> 3. 连接人工智能和数字孪生。
> 4. 用人工智能和数字孪生重新设想业务。

## 将数字孪生思维引入组织

不要在没有考虑业务目标的情况下就急于开发数字孪生产品。只有目标明确,数字孪生产品才更容易应用。你要考虑组织中限制开发速度的因素;是否有一些设备或流程可以用数字孪生来建模?能否创建一个数字孪生,用它更快地学习和预测,从而做出更好的运营决策?

你要培训团队理解数字孪生概念及其所提供的选择机会。如果从设备、流程和人类的物理约束中解放出来会怎样?这种情况下,可以使用哪些基于人工智能的模拟工具来改善你的组织?

在第四章中,我们描述了芬兰航空公司用于预测航班拥堵的人工智能系统。航班发生延误后，地勤人员需要采取行动解决问题。但是现实中航空公司很难对人员进行相关培训。因此，芬兰航空公司开发了数字孪生来培训它的地勤人员，以加快处理航班延误。数字孪生是机场和飞机的虚拟三维复制品。人员能够在虚拟空间接受培训，如加快给飞机加油的速度，安排额外的清洁人员或使用其他登机梯协助乘客更快登机和下飞机。

### 建立平台的数字孪生

你需要从识别和建模系统的组件开始建立数字孪生。例如，要创建工厂的数字孪生产品，可以使用机械和物理模型对泵和阀门等单个组件进行建模，并使用历史数据对其磨损进行建模。除了机械模型，你还可以添加电子设备和管理软件。之后你可以将产品连接到一个完整的系统模型。你甚至可以使用物理模型或数据模型对生产流程进行建模。

为了让数字孪生走进现实生活，你还需要通过传感器从现实生活系统中获取实时数据。现在，你已经创建了一个真实系统的副本，可以进行远程操作和观察。工程师们可以在几分钟内计划、模拟、预测和优化生产。当现实世界出现问题时，你可以通过研究数字孪生场景来找出原因。类似的做法也适用于你创建的员工数字孪生，像优食和其他公司那样，创建一个包括城市地图和预估不同配送方式（步行、汽车或自行车）的速度的模型。员工的智能手机作为传感器,可以传输位置数据和其他参数。

数字孪生对知识型员工而言就像 Excel 表格那样简单。它会列出这个人的可用性(即当前的任务负荷和待分配的任务)、他们的技能和他们的日常效率(大于、等于或小于平均效率)。这些参数使得公司能够模拟将当前和未来任务分配给不同员工的方式,并且看看哪种分配模式能够最快完成任务。

切记,数字孪生不必完整。你只需为你试图解决的问题建模。因此,你可以从一个简单的系统开始,然后一步一步地改进。

### 连接人工智能和数字孪生

部分数字孪生产品是平台开发的人工智能模型。现在,你可以更快地测试它们,而不需要在真实环境中运行。你也可以通过数字孪生模拟来产生新的数据,训练你的人工智能系统,而且数字孪生的动态行为也可以用人工智能来模拟。例如,工程师们想添加一个更高效的"加油泵"来提高工厂的生产能力。这在数字孪生中很容易实现:添加新的模型后,系统的其他部分就会调整操作。你可以使用人工智能分析变化并识别瓶颈,或许系统的其他部分也需要升级。增加吞吐量可能会使系统的其他部分承受压力,从而加快磨损,人工智能也可以预测这种故障。

数字孪生可以实现更高级的人工智能形态。正如我们在第四章中解释的那样,现在大多数机器学习都是监督式学习,即模型从标记的例子中学习。上文也提到过强化学习模型会在采取行动时从奖励中学习。你可以在数字孪生身上应用强化学习，而不必担心工厂在测试新算法时崩溃。训练强化学习需要大量的重复，但这对于数字孪生来说不成问题。

当你创造出员工的数字孪生时，人工智能也会让你受益。人工智能可以学习是哪些因素在影响他们完成任务的时间和质量，从而改进任务分配的建议。假设人工智能得出某个特定区域有很高的延迟概率，人工智能在向该地区的快递员分配新订单时就会考虑到这一点。人工智能还可以模拟任务之间的关联关系，就像时间管理应用程序那样，为瓶颈任务分配额外的专家和员工。

**用人工智能和数字孪生重新设想业务**

喜利得现已从一家产品公司转型为提供解决方案和平台业务的企业。它的目标是提高建筑工地的生产效率。该公司正在利用建筑信息模型（BIM）构建建筑工地的数字孪生。建筑信息模型是一个在项目周期中创建和管理建设项目信息的系统。因此，它生成了构建资产的每个方面的数字数据，即数字孪生。

2021年，喜利得公司把这项技术升级到了一个新的水平。它开始与波士顿动力公司（Boston Dynamic）和天宝公司（Trimble）一起试验使用建筑机器人。建筑信息模型的毫米级数字孪生会使机器人操作机器，例如钉枪。

通过集成 360 度摄像头和现场文档，波士顿动力公司的机器人可以从建筑工地获取数据，因此，波士顿动力公司可以生成能够更新工地状态的数字孪生。这可以用来重新安排与人工智能相关的活动，正如我们在本章前面所述。

每个工地都会产生为其他工地增值的数据。你可以通过更先进的人工智能模型来改善建筑工地的任务调度，用更精确的数字孪生来实现。网络效应和学习闭环会在你可能从未想过它能存在的行业中发挥作用。像喜利得这样的公司已经成为智能平台公司。

## ☑ 要点回顾

最后，我们概述了在组织中应用人工智能的方案。这些方案取决于具体情况，并没有对错之分。许多人认为最终目标是让一切事项实现自动化，这从法律的角度来看可能并不可取，甚至是不允许的。

由于人工智能可能不了解决策的背景，因此，决策过程仍然需要人类的参与。但这样做的优点在于，人类在规划如何组织自己的公司实现人工智能时，可以确定自己的参与程度。

## 用人工智能代替正式组织层级

- 你能用人工智能将任务分配给适合的员工和专家吗?
- 如果使用人工智能来协调各种任务,将会带来哪些好处?
- 如果使用人工智能来创建最优团队会怎样?
- 是否有可能在组织中定制基于人工智能的变革沟通?

## 学习使用人工智能

- 可以在哪些环节使用人工智能来增强决策能力?
- 在哪些决策中,你可以让人工智能从数据中学习并定义新的决策标准?
- 一个自主学习的人工智能适合做出何种决策?

## 建立数字孪生

- 组织中的人员是否认识到使用数字孪生的价值?
- 组织是否拥有可以用数字孪生建模的设备、流程或人员?
- 你还可以使用哪些基于人工智能的模拟工具来改进你的组织?

◆ 结语 ◆

## 通过人工智能改变平台业务

诺基亚的手机业务没有在平台时代生存下来，但它的故事并没有就此结束。2012年，诺基亚董事会开始管理高层管理人员的情绪，将恐惧转化为力量。高层们最终接受了应该放弃正在萎缩的手机业务的事实。他们通过研究各种战略选择并对其进行彻底分析，创造了意想不到的效果。如今诺基亚转型为一家网络公司，正在推动发展基于人工智能的5G网络，使各种平台和生态系统成为可能。它们将人类与自动驾驶汽车、复杂的工厂、建筑工地和太空项目联系起来。

在转型过程中，诺基亚应用了本书中描述的步骤。为了拓展网络业务，诺基亚在2015年收购了阿尔卡特-朗讯（Alcatel-Lucent）。并购后的组织变得复杂，最初在诺基亚内部及其客户之间制造了许多阻力。因此，诺基亚系统地寻求减少运营中的阻力，包括在2021年彻底简化组织结构和流程。正如2021年新任的首席执行官所言，该公司正在简化服务，将重点放在能为客户带来最大价值的服务上，放弃部分其他业务。

同时，诺基亚开发了应用程序接口，并将人工智能更全面地整合到其业务中。诺基亚的应用程序接口结合了"算法握手"的理念，旨在帮助第三方开发诺基亚布局的关键领域的解决方案，包括网络、物联网、健康产品、虚拟现实和云基础设施。该公司还推出人工智能的工具来优化5G网络和其他领域，创建学习闭环。

诺基亚鼓励从董事会到普通员工在内的所有成员学习人工智能，并已掌握了人工智能技术。该公司还推出了几种人工智能工具以提高生产力和学习能力，加强组织内部的协调。这些行动最终可能会使诺基亚摆脱传统的组织层级，围绕人工智能进行组织。

## 其他公司对诺基亚的借鉴

即使诺基亚仍在智能手机以外的领域继续发展，包括特罗在内的智能手机时代的诺基亚领导者们，也已经从诺基亚的平台时代汲取了经验。他们把这些经验带到其他几家公司，创造了新的智能平台。他们的努力说明了本书中列出的7个步骤将如何帮助你创建新的智能平台或将公司转型为智能平台。

### 高盛

2006年，特罗聘请马可·阿金提（Marco Argenti）负责诺基亚的开发者生态系统和应用商店，离开诺基亚后，特罗成为高盛的联席首席信息官和管理委员会成员。阿特·拉赫蒂兰塔（Atte

Lahtiranta）是特罗在诺基亚时的团队的成员之一，也是高盛现任的首席技术官。阿特·拉赫蒂兰塔的重点是吸引开发者与高盛合作。马可·阿金提和阿特·拉赫蒂兰塔正在把这个银行业巨头转变成一个智能平台。他们将对金融科技挑战者的恐惧转化为推动变革的力量。

诺基亚公司正在通过创建财务云来实现这一目标。我们在第五章中描述了亚马逊 AWS 云服务的诞生，亚马逊管理层意识到，他们已经建立了一个其他人也可以使用的基础设施。同样的事情正在高盛发生。这消除了公司使用内部平台（像交易和风险分析平台）带来的阻力。它的目标是成为苹果、Stripe、亚马逊和沃尔玛等公司的"银行即服务"合作伙伴。这些公司能将银行产品和服务嵌入他们的产品中，把重担留给高盛。

## 瓦尔乔公司

一群原诺基亚的资深技术人士于 2016 年创立了瓦尔乔公司，这是一个专注于企业创意设计的新一代混合现实平台。自 2020 年以来，该公司一直由诺基亚原手机业务负责人蒂莫·托卡宁（Timo Toikkanen）领导。瓦尔乔公司没有为所有类型的客户提供服务，而是选择了一个清晰的关注点，为企业环境创造了最佳的混合现实系统。他们的产品质量成功地使波音、沃尔沃和欧特克（Autodesk）等大公司成为其客户和合作伙伴。事实上，合作伙伴关系可能会在发展中进一步深入，也许会使他们能够超越行业界限。

### 汤森路透

塔内利·鲁达（Taneli Ruda）在加入汤森路透之前曾在诺基亚战略团队工作。作为战略主管，他帮助公司建立了人工智能学习闭环，为万律信息服务平台（Westlaw Edge）的智能法律研究提供动力。

### 通力电梯公司

马蒂·阿拉胡赫塔（Matti Alahuhta）一直在诺基亚的管理团队工作到 2005 年。之后，他成为通力的首席执行官，通力的总部位于波罗的海美丽的海滨，距离诺基亚的总部只有几百米。在他任职期间，通力设想了管理人员的流动，这需要系统地管理建筑，打造更广泛的移动解决方案生态系统，而不仅仅是制造和销售电梯和自动扶梯。尤其值得一提的是，通力启动了应用程序接口的开发，现在，其他公司可以通过"算法握手"加入通力的平台。2014 年微软收购诺基亚的手机业务后，诺基亚的总部搬离了黄金地段，但通力的大厦依然巍然屹立。

### 谷歌

摄影师、登山家汉斯·彼得·布朗德莫（Hans Peter Brondmo）

## 结语

正在谷歌 X 与机器人打交道,创造出了意想不到的成功。他负责领导每日机器人项目,该项目开发了一种通用学习机器人,可以在非结构化环境中自主操作。在加入谷歌之前,他在诺基亚地图部门 HERE 工作,参与共同领导一个新产品创新业务部门。

### 喜利得集团

马蒂亚斯·耶内费尔特(Matias Järnefelt)曾与诺基亚战略团队合作。他后来加入喜利得集团,担任北欧和英国区总经理。喜利得用新的方式来思考战略,超越了行业界限。正如第七章所述,它已经从一个电动工具制造商转变为一个提高建筑工地生产力的智能平台,创造了网络效应,打造了学习闭环,并利用人类的洞察力扩展到新的领域。

### 贝托拉公司

在《气候经济与人类未来》(*How to Avoid a Climate Disaster*)一书中,比尔·盖茨呼吁采取替代品取代水泥来解决气候危机。这也促成了诺基亚前首席执行官奥利·佩卡·卡拉斯沃(Olli-Pekka Kallasvuo)和特罗的再次合作。他们借鉴从诺基亚和其他工作中学到的经验,将平台战略应用到建筑行业中。贝托拉是一家拥有新的创新材料技术的初创公司。新材料取代了占世界碳排放 8% 的水泥基混凝土,相比水泥,新材料减少了原有碳排放量的 80%。此外，它重新利用工业支流，减少了对自然资源的使用，增加了生物多样性。

贝托拉是一家借助人工智能优化产品的平台公司。它从细分市场开始，为产品铺路。通过使用现有的生产设备，它消除了在获取气候友好型产品方面的阻力。它还利用基于人工智能的学习闭环一并优化了生产环节。尽管它仍然专注于业务的启动和运行，但公司已经将其技术运用到新的垂直领域（如数据稳定性与挖掘），去预测未来。

## 这样做有何不同？什么是你的"声破天瞬间"？

回顾过去，我们不禁遐想，诺基亚的手机业务是否会有不一样的发展可能。思考这个问题不仅仅是为了好玩，如果你正面临对业务有影响的选择节点，这个问题也会给你带来一些思索。

对于诺基亚和特罗的公司来说，其中一个选择就是2008年前后在斯德哥尔摩与声破天公司创始人丹尼尔·埃克（Daniel Ek）会面。丹尼尔提出合作，但被诺基亚拒绝。诺基亚当时正在开发数字下载服务以对抗苹果公司的冲击，却错过了流媒体发展的趋势。现在声破天是一个全球音乐平台，并继续创造着意想不到的成功。假设诺基亚与声破天联手，专注于音乐流媒体的先锋服务，它可能已经为其平台带来足够的用户数量和参与度。

你今天的选择可能会决定公司会成为成功的平台还是被遗忘、抛弃。如果回头看看这些章节，你可能会发现选择可能在这几处偏离了轨道：

1. 你是否因为害怕创新而执着于过去？

2. 你是否在应该消除阻力之处反而增加了阻力？

3. 你在专注于创造全球性价值和粉丝方面的努力是否过于分散？

4. 你们公司的学习是否仍主要依靠人类直觉？是否错过了借助人工智能赋能的学习闭环？

5. 你是否仍然只依赖传统的协作模式而不启动应用程序接口进行协作？

6. 你是否受困于当前的商业模式和行业，而非寻求创造意想不到的、超越行业边界的东西？

7. 你是否增加了正式的组织层级和僵化的流程，而未围绕人工智能和平台更有效地组织工作？

今天你是否遇到了你的"声破天"？是否错过了一个新趋势？是否忽略了一个商业机会？智能平台的影响持续上升。它们涉及越来越多的行业，是创造价值的主要方式。确保你和你的团队了解在人工智能和平台时代创造价值的新可能性和机制。这样当你面对"声破天瞬间"时，你就知道该如何行事了。

## 参考文献

**推荐序**

1. Isaacson, W (2011) *Steve Jobs*: *The Exclusive Biography*, Simon & Schuster.

2. Kramer, S D (2011) The Biggest Thing Amazon Got Right: The Platform, *GigaOm*, https://gigaom.com/2011/10/12/419-the-biggest -thing-amazon-got-right-the-plat-form/ (archived at https://perma.cc/KAX6-KFER).

3. SrgResearch (2021) Amazon and Microsoft Maintain their Grip on the Market but Others are also Growing Rapidly, https://www.srgresearch.com/articles/amazon-and-microsoft-maintain-their-grip-market-others-are-also-growing-rapidly (archived at https://perma.cc/F96X-B2SK).

**引言**

1. Alipay (2020) Alipay Announces Three-Year Plan to Support the Digital Transformation of 40 Million Service Providers in China, Alipay [Press Release], 10 March, https://www.businesswire.com/news/home/20200309005906/en/ (archived at https://perma.cc/Q3LD-Z6WS).

2. KONE (2019) The secret is in the rope, KONE [Press Release], 22 October, https://www.kone.com/en/news-and-insights/stories/the-secret-is-in-the-rope.aspx (archived at https://perma.cc/M58H-59MG).

3. Ojanperä, T and Vuori, T O. (2020) 5 steps how Ant Financial built a $200 billion platform business,intelligentplatforms.ai, 16 August, https://

intelligentplatforms.ai/5-steps-how-ant-financial-built-a-200-billion-platform-business/ (archived at https://perma.cc/KL3D-LLPQ).

4. Siilasmaa, R (2018) Transforming NOKIA: The Power of Paranoid Optimism to Lead Through Colossal Change, McGraw Hill Education, New York.

5. Thomson Reuters (2020) What Thomson Reuters is doing with AI to help customers[Blog], 20July, https://tax.thomsonreuters.com/blog/what-thomson-reuters-is-doingwith-ai-to-help-customers/(archived at https://perma.cc/UBZ3-35VE).

6. Vuori, T O. and Huy, Q N (2016a) Distributed Attention and Shared Emotions in the Innovation Process: How Nokia Lost the Smartphone Battle, Administrative Science Quarterly, 61 (1), pp 9-52.

7. Vuori, T O. and Huy, Q N (2016b) Mental Models and Affective Influence in Interorganizational collaboration for new technology, Best Paper Proceedings of the 76th Annual Meeting of the Academy of Management, https://doi.org/10.5465/ambpp.2016.145 (archived at https://perma.cc/4DT3-G2NC).

8. Vuori, T O. and Huy, Q N (2018) How Nokia Embraced the Emotional Side of Strategy, Harvard Business Review (digital article) hbr.org/2018/05/how-nokiaembraced-the-emotional-side-of-strategy (archived at https://perma.cc/XD36-Q56M).

## 第一章

1. Eichenwald, K (2012) Microsoft's Lost Decade, Vanity Fair, 24 July, https://www.vanityfair.com/news/business/2012/08/microsoft-lost-mojo-steveballmer (archived at https://perma.cc/4RGH-JGRZ).

2. Forbes (2007) Nokia's Kallasvuo Puts Brave Face On IPhone, 12 February, https://www.forbes.com/2007/02/12/nokia-kallasvuo-iphone-faces-

cx_cn_0212autofacescan01.html?sh=23f828d0addb (archived at https://perma.cc/GUP4-EGSF).

3. Forbes (2019) The Power Of Open Source AI. Interview with Sri Ambati, CEO and Founder of H2O.ai, FORBES INSIGHTS, 22 May, https://www.forbes.com/sites/insights-intelai/2019/05/22/the-power-of-open-source-ai/?sh=18b948156300 (archived at https://perma.cc/45NY-HPQC).

4. Freitag, M (2020) Uber macht Daimler und BMW ein fast unmoralisches Angebot.

5. Manager Magazin, 21 October, https://www.manager-magazin.de/unternehmen/freenow-uber-bietet-daimler-und-bmw-mehr-als-eine-milliarde-a-00000000-0002-0001-0000-000173605126 (archived at https://perma.cc/5GLM-Q5Z6).

6. Gilbert, C G (2005) Unbundling the structure of inertia: Resource versus routine rigidity, Academy of Management Journal, 48 (5), pp 741–763.

7. Hallen, B L and Eisenhardt, K M (2012) Catalyzing strategies and efficient tie formation: how entrepreneurial firms obtain investment ties, Academy of Management Journal, 55 (1), pp 35–70.

8. Hastings, R and Mayer, E (2020) No Rules Rules: Netflix and the Culture of Reinvention, Random House Large Print, London.

9. Insead (2020) E.ON: Building a New AI-Powered Energy World, INSEAD case study, https://publishing.insead.edu/sites/publishing/files/2020-06/6595-eon-cs-en-0-06-2020-free-copy.pdf (archived at https://perma.cc/VDR6-78EF).

10. Kelion, L (2020) Why Amazon knows so much about you, BBC News, https://www.bbc.co.uk/news/extra/CLQYZENMBI/amazon-data archived at https://perma.cc/658N-2J7S).

11. Lifshitz-Assaf, H (2018) Dismantling knowledge boundaries at NASA:

The critical role of professional identity in open innovation, Administrative Science Quarterly, 63(4), pp 746–782.

12. Ozcan, P and Eisenhardt, K M (2009) Origin of alliance portfolios: Entrepreneurs, network strategies, and firm performance, Academy of Management Journal, 52 (2), pp 246–279.

13. Reuters (2020) VW CEO says carmaker faces same fate as Nokia without urgent reforms, 16 January, https://www.reuters.com/article/us-volkswagen-strategy-diessidUSKBN1ZF1OB (archived at https://perma.cc/NBU5-993X).

14. Rosenberg, M B (2003) Nonviolent Communication: A Language of Life, 2nd edn, Puddledancer Press, Encinitas, CA.

15. Santos, F M and Eisenhardt, K M (2009) Constructing markets and shaping boundaries: Entrepreneurial power in nascent fields, Academy of Management Journal, 52 (4), pp 643–671.

16. Siilasmaa, R (2015) Here are my Golden Rules for boards, Twitter post, https://twitter.com/rsiilasmaa/status/675437729358979073?lang=en (archived at https://perma.cc/5W3L-C2KE).

## 第二章

1. Hilti, Careers, [Website], https://careers.us.hilti.com/en-us/lets-build-future-code-1 (archived at https://perma.cc/C4UC-983F).

2. Katzmaier, D (2016) With a bullet to the head from Samsung, 3D TV is now deader than ever, CNET, 1 March, https://www.cnet.com/news/3d-tv-is-now-more-deadthan-ever/ (archived at https://perma.cc/64QH-6D7S).

3. Laukia, L (2018) Evolution of digital platforms – Introduction and reinforcement of platform elements: A case study, Master's thesis, Aalto University, Finland.

4. Leinonen, K (2020) Evolution of platform companies: A cross-case study, Master's thesis, Aalto University, Finland.

5. Mohn, C (2017) Platform business dynamics: A case study, Master's thesis, Aalto University, Finland.

6. Morris, D (2016) Today's Cars Are Parked 95% of the Time, Fortune, 13 March, https://fortune.com/2016/03/13/cars-parked-95-percent-of-time/ (archived at https://perma.cc/9ZMF-GW4J) Repo, R (2018) Evolution of platform companies: a longitudinal case study, Master's thesis, Aalto University, Finland.

7. Rindfleisch, A (2020) Transaction cost theory: past, present and future, AMS Review, 10, pp 85–97, https://doi.org/10.1007/s13162-019-00151-x (archived at https://perma.cc/Q88K-S5AW).

8. Schmidt, C G and Wagner, S M (2019) Blockchain and supply chain relations: A transaction cost theory perspective, Journal of Purchasing and Supply Management, 25 (4), p 100552.

9. Williamson, O E (2017) Contract, Governance and Transaction Cost Economics, World Scientific Publishing, Singapore.

## 第三章

1. Anding M (2019) Platform economy meets B2B reality: Why your platform strategy may fail, LinkedIn, 25 February, https://www.linkedin.com/pulse/platform-economymeets-b2b-reality-why-your-strategy-may-anding/ (archived at https://perma.cc/XZ3C-77PR).

2. Angulo I (2018) Ikea rolls out nationwide assembly services with TaskRabbit, CNBC, March, https://www.cnbc.com/2018/03/13/ikea-rolls-out-nationwide-assemblyservices-with-taskrabbit.html (archived at https://perma.cc/6375-L8PJ).

3. Anirban D, et al (2020) Under the Hood of Uber's Experimentation Platform, Uber [Blog], 28 August, https://eng.uber.com/xp/ (archived at https://perma.cc/Q69H-BDSD).

4. Astute Solutions (2019) What You Need to Know about Measuring Customer Engagement [Blog], 30 July, https://astutesolutions.com/blog/articles/what-you-needto-know-about-measuring-customer-engagement (archived at https://perma.cc/U7QY-HQQG).

5. Davis, S (2014) Tesla, Tesla, Tesla: Building A Power Brand From Scratch, Forbes, 24 February, https://www.forbes.com/sites/scottdavis/2014/02/24/tesla-tesla-teslabuilding-a-power-brand-from-scratch/#151b19867e31 (archived at https://perma.cc/R8HM-PHEK).

6. Gallup (2014) Why Customer Engagement Matters So Much Now, 22 July, https://news.gallup.com/businessjournal/172637/why-customer-engagementmatters.aspx (archived at https://perma.cc/WJ3R-5SC9).

7. Griffith, E (2019) Peloton Is a Phenomenon. Can It Last?, The New York Times, 28 August, https://www.nytimes.com/2019/08/28/technology/peloton-ipo.html (archived at https://perma.cc/KKT9-6GNY).

8. Huddleston, T (2019) How Peloton exercise bikes became a $4 billion fitness startup with a cult following, CNNC, 12 February, https://www.cnbc.com/2019/02/12/how-peloton-exercise-bikes-and-streaming-gained-a-cult-following.html (archived at https://perma.cc/24AE-AZPD).

9. Kamat, P and Hogan, C (2019) How Uber Leverages Applied Behavioral Science at Scale, Uber [Blog], 28 January, https://eng.uber.com/applied-behavioral-science-atscale (archived at https://perma.cc/V683-XZ73).

10. L, C (2020), 'Peleton Testing More Software / Leaderboard Updates – New Feature Roundup', Pelobuddy, 4 September, https://www.pelobuddy.com/peloton-testingmore-software-leaderboard-updates-new-feature-roundup

(archived at https://perma.cc/3639-VP78).

11. Leach, M (2020), Lenovo Becomes Reseller of Varjo Headsets to Deliver Complete Solution for Virtual and Mixed Reality Applications, Lenovo StoryHub, 26 October, https://news.lenovo.com/pressroom/press-releases/lenovo-becomes-reseller-of-varjoheadsets-to-deliver-complete-solution-for-virtual-and-mixed-reality-applications/ (archived at https://perma.cc/6DSR-YFXN).

12. Mangalindan J P (2019) Peloton CEO: Sales increased after we raised prices to $2,245 per bike, Yahoo! Finance, 5 June, https://finance.yahoo.com/news/peloton-ceo-sayssales-increased-raised-prices-2245-exercise-bike-132256225.html (archived at https://perma.cc/R2TK-T83W).

13. McDonald, R M and Eisenhardt, K M (2019) Parallel Play: Startups, Nascent Markets, and Effective Business model Design, Administrative Science Quarterly, 65 (2), pp 483-523.

14. Peloton (2019) Peloton Announces Expansion Into Germany, Peloton [Press Release], 22 May, https://www.prnewswire.com/news-releases/peloton-announces-expansioninto-germany-300854763.html (archived at https://perma.cc/CV6C-6R84).

15. Pietruszynski, G A (nd) Recipe of Viral Features Used by the Fastest-Growing Startups, Neil Patel [Blog], https://neilpatel.com/blog/recipe-of-viral-features/ (archived at https://perma.cc/5GPN-99JJ).

16. Raeste, J-P (2020) Miljardin Euron Woltti, Helsingin Sanomat, 26 December, https://www.hs.fi/talous/art-2000006657577.html (archived at https://perma.cc/D326-LU5A).

17. Rinstrom, A and Fares, M (2019) IKEA accelerates services drive as competition stiffens, Reuters, 11 February, https://www.reuters.com/article/us-ikea-servicestaskrabbit-focus-idUSKCN1Q00G3 (archived at https://perma.cc/MAF9-4TYR).

18. Tetra Pak (2020) Tetra Pak launches first virtual marketplace for food and beverage manufacturers, Tetra Pak [Press Release], 22 January, https://www.tetrapak.com/en-gb/about-tetra-pak/news-and-events/newsarchive/virtual-marketplace-food-andbeverage-manufacturers (archived at https://perma.cc/3F3T-GWC7).

19. Thomas, L (2020) Peloton thinks it can grow to 100 million subscribers. Here's how, CNBC, 15 September, https://www.cnbc.com/2020/09/15/peloton-thinks-it-can-growto-100-million-subscribers-heres-how.html (archived at https://perma.cc/VQX3-ZU82).

20. Varjo (2020) A New Era in Astronaut Training, https://varjo.com/boeing-starliner/ archived at https://perma.cc/E3JP-BZ6N.

## 第四章

1. Baker, J (2018) Uber Eats, Joshua M Baker [Blog], https://www.joshuambaker.com/work-ubereats.html (archived at https://perma.cc/2QEQ-X8AX).

2. Bergstein B (2020) What AI still can't do, MIT Technology Review, 19 February, https://www.technologyreview.com/2020/02/19/868178/what-ai-still-cant-do/ (archived at https://perma.cc/CNJ7-796K).

3. Efrati, A (2018) What Makes Tesla's Autopilot Different, The Information, 5 November, https://www.theinformation.com/articles/what-makes-teslas-autopilotdifferent (archived at https://perma.cc/8RAH-CQRM).

4. Gill, B (2018) User Stories from the Industry of Things (Part Two), Arc Advisory Group [Blog], 9 August, https://www.arcweb.com/blog/user-stories-industry-things-parttwo (archived at https://perma.cc/7BYA-3K2F).

5. Gleeson, D (2020) Orica leverages MWD data, AI to create new blast

loading design benchmark, International Mining, 14 December, https://im-mining.com/2020/12/14/orica-leverages-mwd-data-ai-create-new-blast-loading-design-benchmark/ (archived at https://perma.cc/L2DW-SX4R).

6. Green, J (2020) Google Cloud AI Platform: Human Data labeling-as-a-Service Part 1, 17 November, https://towardsdatascience.com/google-cloud-ai-platform-humandata-labeling-as-a-service-part-1-170cbe73137b (archived at https://perma.cc/5AY9-ZFZA).

7. Hawkins, A (2020) Waymo pulls back the curtain on 6.1 million miles of self-driving car data in Phoenix, The Verge, 30 October, https://www.theverge.com/2020/10/30/21538999/waymo-self-driving-car-data-miles-crashes-phoenix-google (archived at https://perma.cc/NJ75-8JY5).

8. Hermann, J and Del Balso, M (2017) Meet Michelangelo: Uber's Machine Learning Platform, Uber Engineering, 5 September, https://eng.uber.com/michelangelo/ (archived at https://perma.cc/L9AL-5PAX).

9. Karjaluoto, A and Muranen, K (2020) Industrial data economy for Finland, position paper, Intelligent Industry Ecosystem DIMECC, September, https://www.dimecc.com/wp-content/uploads/2020/09/DIMECC-Industrial-data-economy-for-FinlandPositionPaper-2020-2.pdf (archived at https://perma.cc/UC6H-ED3B).

10. Lee, T (2019) Tesla just bought an AI startup to improve autopilot—here's what it does, Ars Technica, 10 February, https://arstechnica.com/cars/2019/10/how-teslaslatest-acquisition-could-accelerate-autopilot-development/ (archived at https://perma.cc/74YZ-TZMD).

11. Martin, N (2019) Uber Charges More If They Think You're Willing To Pay More, Forbes, 30 March, https://www.forbes.com/sites/nicolemartin1/2019/03/30/uber-charges-more-if-they-think-youre-willing-to-pay-more/?sh=5869b8d87365 (archived at https://perma.cc/Y3FL-PVPZ).

12. Nykänen, A (2019) Healthcare needs explainable human-in-the-loop AI, LinkedIn, 21 May, https://www.linkedin.com/pulse/healthcare-needs-explainable-human-inthe-loop-ai-anna-nyk%C3%A4nen/ (archived at https://perma.cc/WS3J-MYLJ).

13. O'Kane, S (2018) How Tesla And Waymo Are Tackling A Major Problem For SelfDriving Cars: Data, The Verge, 10 April, https://www.theverge.com/transportation/2018/4/19/17204044/tesla-waymo-self-driving-car-data-simulation(archived at https://perma.cc/VS4N-TBT4).

14. Ransbotham, S, Khodabandeh, S, Kiron, D, Candelon, F, Chu, M and LaFountain, B (2020) Expanding AI's Impact with Organizational Learning, MIT Sloan Management Review and Boston Consulting Group, October.

15. Schubert, S and Dayan, F H (2020) When is data pooling anticompetitive?, Lexology, 14 December, https://www.lexology.com/library/detail.aspx?g=40bb6970-8419-4f78-90aa-a9e160c61ef7 (archived at https://perma.cc/4BGA-8UYN).

16. Sherer, L and Cleghorn, J (2018) How Advanced Analytics Is Changing B2B Selling, Harward Business Review, 10 May, hbr.org/2018/05/how-advanced-analytics-ischanging-b2b-selling (archived at https://perma.cc/8SWA-AKH3).

17. Silo AI (2019a) Finnair and Silo. AI improve situational awareness of air traffic with artificial intelligence, Silo AI [Blog], 23 May, https://silo.ai/finnair-silo-ai-improvesituational-awareness-of-air-traffic/ (archived at https://perma.cc/5SYG-ESUK).

18. Silo AI (2019b) How artificial intelligence is transforming the water sector: Case Ramboll, Silo AI [Blog], 14 February, https://silo.ai/how-artificial-intelligence-istransforming-the-water-sector-case-ramboll/ (archived at https://perma.cc/AY69-JJ8Z).

19. Sinek, S (2020) The Infinite Game, Penguin, New York Technology

Industries of Finland (2019) Model terms of the Technology industries for data sharing, Teknova [Webstore], https://teknologiainfo.net/en/content/modelterms-technology–industries–data–sharing (archived at https://perma.cc/7295–7K8W).

20. Tesla (2019) Tesla Autonomy Day, 22 April, https://www.youtube.com/watch?v=Ucp0TTmvqOE (archived at https://perma.cc/4YAC–8ABV)Tesla (2020) Future of Driving, https://www.tesla.com/autopilot?redirect=no (archived at https://perma.cc/6KVE–YJ5E).

21. Uber (2019) Science at Uber: Powering Machine Learning at Uber, 9 September, https://www.youtube.com/watch?v=DOwDIHzN5bs (archived at https://perma.cc/E5RB–ZUFC).

22. Wang, Z (2019) Predicting Time to Cook, Arrive, and Deliver at Uber Eats, InfoQ, 20 November, https://www.infoq.com/articles/uber–eats–time–predictions/ archived at https://perma.cc/LL4N–JBF9).

## 第五章

1. Adobe (2019) The Platform Economy: Why APIs And Integrations Are Crucial, Adobe [Blog], 12 May, https://blog.adobe.com/en/publish/2019/05/12/entering–the platform–economy–why–apis–and–integrations–are–crucial.html#gs.r3ll0z (archived at https://perma.cc/YU76–UC2M).

2. Akana (2014) John Deere is Using APIs to Grow the World's Food Supply, Akana [Blog], 18 November, https://www.akana.com/blog/john–deere–using–apis–growworlds–food–supply (archived at https://perma.cc/DJ2E–BJU7).

3. Boyd, M (2017) Five Metrics Every API Strategy Should Measure, Hitch [Blog], 18 January, https://blog.hitchhq.com/five–metrics–every–api–strategy–shouldmeasure–691596075b6 (archived at https://perma.cc/42R6–LMSQ).

4. Dellinger, A J (2013) #FirstWorldProblems: Twitter third party clients

continue to shut down, and its API is just getting more restrictive, digitaltrends, 18 March, https://www.digitaltrends.com/mobile/firstworldproblems-twitter-api-and-thirdparty-problem/ (archived at https://perma.cc/3F9D-L8QV).

5. Endler, M (2017) How API Management Accelerates Digital Business, apigee [Blog], 18 September, https://medium.com/apis-and-digital-transformation/how-apimanagement-accelerates-digital-business-4ccea9b302df (archived at https://perma.cc/G6M7-N3WD).

6. Glas, G (2020) What is an API and SDK? app press, https://www.app-press.com/blog/what-is-an-api-and-sdk (archived at https://perma.cc/DJW9-8FG8).

7. Glickenhouse, A (2017) Building APIs for the Manufacturing Industry, IBM [blog], 30 June, https://developer.ibm.com/apiconnect/2017/06/30/building-apismanufacturing-industry/ (archived at https://perma.cc/DSU3-F9HL).

8. Iyengar, K, Khanna, S, Ramadath, S and Stephens, D (2017) What it really takes to capture the value of APIs, McKinsey Digital, 12 September, https://www.mckinsey.com/business-functions/mckinsey-digital/our-insights/what-it-really-takes-to-capture-thevalue-of-apis (archived at https://perma.cc/UB55-FN6Z).

9. John Deere (2020) 7th Annual Develop with Deere Conference Focuses on Digital Connectivity, John Deere [Press Release], 4 February, https://www.deere.com/en/our-company/news-and-announcements/news-releases/2020/agriculture/2020feb04-develop-with-deere-conference/ (archived at https://perma.cc/XQ89-TJDT).

10. KONE (2019) An ecosystem of opportunities, KONE [Blog], 29 November, https://www.kone.com/en/news-and-insights/stories/an-ecosystem-of-opportunities.aspx (archived at https://perma.cc/DSP7-WGH7).

11. Kramer, S D (2011) The biggest thing Amazon got right: The Platform, GigaOm [Blog], 10 October, https://gigaom.com/2011/10/12/419-the-biggest-

# 参考文献

thing-amazon-gotright-the-platform/ (archived at https://perma.cc/TQ5Q-8R3R).

12. Levine, D (2019) APIs are the next big SaaS wave, Techcrunch [Blog], 6 September, https://techcrunch.com/2019/09/06/apis-are-the-next-big-saas-wave/ (archived at https://perma.cc/V8DP-STAJ).

13. Manning, L (2020) Leaf Agriculture comes out of stealth with agtech API to integrate your farm data, AFN, 11 February, https://agfundernews.com/leaf-agriculturecomes-out-of-stealth-with-agtech-api-to-integrate-your-farm-data.html (archived at https://perma.cc/EXZ5-RS4R).

14. Mersch, V (2016) Twitter's 10 Year Struggle with Developer Relations, Nordic API [Blog], 23 March, https://nordicapis.com/twitter-10-year-struggle-with-developerrelations/ (archived at https://perma.cc/K9QP-ZNZV).

15. ProgrammableWeb (2021) API Directory, ProgrammableWeb [Company website], https://www.programmableweb.com/apis/directory (archived at https://perma.cc/953U-R5UG)Salmikuukka (2020) personal interview.

16. Skyscanner (2021) Travel APIs, Skyscanner [Company website], https://www.partners.skyscanner.net/affiliates/travel-apis (archived at https://perma.cc/X6M8-F4QL).

17. SuccessfulFarming (2020) How develop with Deere 2020 connects the dots, SuccessfulFarming [Video], 13 February, https://www.agriculture.com/video/how-develop-with-deere-2020-connects-the-dots (archived at https://perma.cc/4AJU-FJXN).

18. Williams, J (2020) What is a developer program and what does it take to build one? [Blog], 18 March, https://www.jesse-williams.com/what-is-a-developer-program (archived at https://perma.cc/B94S-J5N6).

19. Wintrob, G (2017) How the Flexport API enables global trade, GET PUT POST [Blog], 22 February, https://getputpost.co/how-the-flexport-api-enables-global-trade92b9131d4bd4 (archived at https://perma.cc/QE3E-HJGB).

· 277 ·

## 第六章

1. Barney J (1991) Firm Resources and Sustained Competitive Advantage, Journal of Management, 17 (1): pp 99–120.

2. Barsade, S G (2002) The Ripple Effect: Emotional Contagion and its Influence on Group Behavior, Administrative Science Quarterly, 47 (4), pp 644–675.

3. Bohn, D (2019) Amazon says 100 million Alexa devices have been sold – what's next?, The Verge, 4 January, https://www.theverge.com/2019/1/4/18168565/amazon-alexadevices-how-many-sold-number-100-million-dave-limp (archived at https://perma.cc/LP47-XE6F).

4. Business Insider (2017) 7 potential bidders, a call to Amazon, and an ultimatum: How the Whole Foods deal went down, Business Insider, 29 December, https://www.businessinsider.com/breaking-it-down-amazon-tough-negotiationshow-the-whole-foods-deal-went-down-2017-12?r=US&IR=T (archived at https://perma.cc/PTL6-HPL8).

5. Campbell, T (2018) Should Amazon's PillPack Acquisition Frighten Pharmacies? The Motley Fool, 28 June, https://www.fool.com/investing/2018/06/28/should-amazonspillpocket-acquisition-frighten-pha.aspx (archived at https://perma.cc/WF4D-Z9QF).

6. Cheddar (2019) Facebook Makes First Blockchain Acquisition With Chainspace: Sources, https://cheddar.com/media/facebook-blockchain-acquisition-chainspace (archived at https://perma.cc/D5RD-AJZ6) Edmondson A (2019) The Fearless Organization,Wiley, New York.

7. Farr, C (2019) The inside story of why Amazon bought PillPack in its effort to crack the $500 billion prescription market, CNBC, 10 May, https://www.cnbc.com/2019/05/10/why-amazon-bought-pillpack-for-753-million-and-what-

happens-next.html (archived at https://perma.cc/3Q35-AU93).

8. Fredrickson, B L (2001) The role of positive emotions in positive psychology: The broaden-and-build theory of positive emotions, American Psychologist, 56 (3), pp 218-226.

9. Gavetti, G, Levinthal, D A and Rivkin, J W (2005) Strategy Making in Novel and Complex Worlds: The Power of Analogy, Strategic Management Journal, 26 (8), pp 691-712.

10. GSM Arena (2019) Flashback: the Motorola ROKR E1 was a dud, but it paved the way for the iPhone, https://www.gsmarena.com/flashback_the_motorola_rokr_e1_was_a_dud_but_it_paved_the_way_for_the_iphone-news-38934.php (archived at https://perma.cc/WTP8-WPXS).

11. Gurman, M and Bloomberg (2021) Apple's self-driving electric car is at least half a decade away, Fortune, 7 January, https://fortune.com/2021/01/07/apples-selfdriving-electric-car-half-a-decade-away/ (archived at https://perma.cc/JW2J-8GGU).

12. Healey, M P, Vuori, T O. and Hodgkinson, G P (2015) When teams agree while disagreeing: Reflexion and reflection in shared cognition, Academy of Management Review, 40 (3), pp 399-422.

13. Hunter, P G and Schellenberg, E G (2010) Music and Emotion, in Music Perception, ed M Riess Jones, R Fay and A Popper, Springer Handbook of Auditory Research, vol 36, Springer, New York, NY, https://doi.org/10.1007/978-1-4419-6114-3_5 (archived at https://perma.cc/5W86-2WDV).

14. Isaac, M (2019) Zuckerberg Plans to Integrate WhatsApp, Instagram and Facebook Messenger, The New York Times, 15 January, https://www.nytimes.com/2019/01/25/technology/facebook-instagram-whatsapp-messenger.html (archived at https://perma.cc/7KFD-M82T).

15. Korosec, K (2019) Elon Musk predicts Tesla energy could be

'bigger' than its EV business, Techcrunch, 24 October, https://techcrunch.com/2019/10/23/elon-muskpredicts-tesla-energy-could-be-bigger-than-its-ev-business/ (archived at https://perma.cc/X6JS-3N56).

16. Lunden, I (2018) WhatsApp will not share user data with Facebook until it complies with GDPR, ICO closes investigation, Techcrunch, 14 March, https://techcrunch.com/2018/03/14/whatsapp-will-not-share-user-data-with-facebook-until-itcomplies-with-gdpr-ico-closes-investigation/ (archived at https://perma.cc/9ARJ-9AYA).

17. MacRumors (2021) Apple Car – Apple's vehicle project, focused on building an autonomous driving car, MacRumors, 19 January, https://www.macrumors.com/roundup/apple-car/ (archived at https://perma.cc/L88G-4NSU) Meeker (2016) Internet Trends 2016, Kleiner Perkins, 1June, https://www.kleinerperkins.com/perspectives/2016-internet-trends-report/ (archived at https://perma.cc/87QG-6465).

18. Miller, R (2016), How AWS came to be, Techcruch, 2 July, https://techcrunch.com/2016/07/02/andy-jassys-brief-history-of-the-genesis-of-aws/ (archived at https://perma.cc/2DLM-EUZS).

19. Miller, R (2019) Plaid puts Quovo acquisition right to work with new investments product, Techcrunch, 20 June, https://techcrunch.com/2019/06/20/plaid-puts-quovoacquisition-right-to-work-with-new-investments-product/ (archived at https://perma.cc/6YX9-HT8A).

20. Phelps, E A, Lempert, K A and Sokol-Hessner, P (2014) Emotion and Decision Making: Multiple Modulatory Neural Circuits, Annual Review of Neuroscience, 37 (1), pp 263–287.

21. Praszkier, R (2016) Empathy, mirror neurons and SYNC, Mind & Society, 15 (1), pp 1–25.

22. Soper, S and Giammona, C (2017) Amazon Said to Mull Whole Foods Bid

Before Jana.

23. Stepped In, Bloomberg, 12 April, https://www.bloomberg.com/news/articles/2017-04-11/amazon-said-to-mull-bid-for-whole-foods-before-jana-stepped-in (archived at https://perma.cc/87WN-J62K).

24. Target (2017) Here's How Acquiring Shipt Will Bring Same-Day Delivery to About Half of Target Stores in Early 2018, A Bullseye View, 13 December, https://corporate.target.com/article/2017/12/target-acquires-shipt (archived at https://perma.cc/CK32-7LMD).

25. Target (2020a) A Closer Look at Target's Q3 2020, A Bullseye View, 18 November, https://corporate.target.com/article/2020/11/q3-2020-earnings (archived at https://perma.cc/R66H-T68R).

26. Target (2020b) Target Corporation Reports Third Quarter Earnings, A Bullseye View, 18 November, https://corporate.target.com/press/releases/2020/11/TargetCorporation-Reports-Third-Quarter-Earnings (archived at https://perma.cc/4L35-F7Y2).

## 第七章

1. aito.ai (2018) Boosting Knowledge Management: How agile AI experiments can help big companies like Futurice identify who knows what within their organisation, https://aitodotai.medium.com/boosting-knowledge-management-how-agile-aiexperiments-can-help-big-companies-like-futurice-daad96e49705 (archived at https://perma.cc/X5QD-9Y37).

2. Asikainen, A (2020) Aiding Software Project Staffing by Utilizing Recommendation Systems, Master's thesis, Aalto University, Finland, https://aaltodoc.aalto.fibitstream/handle/123456789/46107/master_Asikainen_Aleksi_2020.pdf?sequence=1&isAllowed=y (archived at https://perma.cc/2PH4-

UN2C).

3. Boston Dynamics (2020) Spot improves construction site documentation for Pomerleau, https://www.bostondynamics.com/spot/applications/pomerleau (archived at https://perma.cc/CXQ3–3P6Z).

4. DARPA (2021) Explainable Artificial Intelligence (XAI), https://www.darpa.mil/program/explainable–artificial–intelligence (archived at https://perma.cc/326C–S6UE)Duhigg, C (2016) What Google Learned From Its Quest to Build the Perfect Team, The New York Times Magazine, 25 February, https://www.nytimes.com/2016/02/28/magazine/what–google–learned–from–its–quest–to–build–the–perfect–team.html?smid=pl-share (archived at https://perma.cc/EFJ5–DXQF).

5. IBM (2018) Building a winning team using AI, IBM Research [Blog], 16 March, https://www.ibm.com/blogs/research/2018/03/build–winning–teams–using–ai/ (archived at https://perma.cc/68YB–D84X).

6. IBM (2021) Explainable AI, https://www.ibm.com/watson/explainable–ai (archived at https://perma.cc/8RJ5–2BGG).

7. Murray A, Rhymer, J and Sirmon, D G (2021) Humans and Technology: Forms of Conjoined Agency in Organizations, Academy of Management Review, in press, https://journals.aom.org/doi/abs/10.5465/amr.2019.0186 (archived at https://perma.cc/D9N3–RE4B).

8. Peng, N Y (2020) How Renaissance beat the markets with Machine Learning, Towards Data Science, 3 January, https://towardsdatascience.com/how–renaissance–beat–themarkets–with–machine–learning–606b17577797 (archived at https://perma.cc/V93L–JFT8).

9. Ransbotham, S, Khodabandeh, S, Kiron, D, Candelon, F, Chu, M and LaFountain, B (2020) Expanding AI's Impact With Organizational Learning, MIT Sloan Management Review and Boston Consulting Group, Octoberre:Work

(nd) Guide: Understand team effectiveness, https://rework.withgoogle.com/print/guides/5721312655835136/ (archived at https://perma.cc/JJ7F-YMN9).

10. Sensoneo (2021) [Company website], https://sensoneo.com (archived at https://perma.cc/Y3L4-A2UU).

11. Stenius, H and Vuori, T O. (2018) Change Analytics: How Data-Analytics Can Improve Top-Down Change Communication, Academy of Management Proceedings, 1, https://journals.aom.org/doi/10.5465/AMBPP.2018.12326abstract (archived at https://perma.cc/T3MM-G7XY).

12. Trimble (2019) Trimble, Hilti and Boston Dynamics Partner to Explore the Use of Autonomous Robots in Construction [News Release], 19 November, https://www.trimble.com/news/release.aspx?id=111919a (archived at https://perma.cc/X2UU-XDDR).

13. Tyre, M J and Orlikowski, W J (1994) Windows of opportunity: Temporal patterns of technological adaptation in organizations, Organization Science, 5 (1), pp 98–113Zoan (nd) Situational Awareness – Client: Finnair, https://zoan.fi/work/finnairsituational-awareness/ (archived at https://perma.cc/DDR5-64B4).

## 结语

1. Butcher, S (2020) The real reason Marco Argenti joined Goldman Sachs from AWS, efinancialcareers, 31 January, https://www.efinancialcareers.com/news/2020/01/marco-argenti-goldman-sachs (archived at https://perma.cc/S7KR-7DQ7).

2. Campbell and DeFrancesco (2019) Goldman Sachs' new CTO shares his strategy for attracting outside developers to work more closely with the bank, giving a glimpse into the future of how Wall Street will work, Insider, 7 November, https://www.businessinsider.com/goldman-sachs-incoming-cto-atte-

lahtirantainterview-2019-11?r=US&IR=T (archived at https://perma.cc/7BRM-GCA8).

3. Crosman, P (2021) How new robo adviser fits into Goldman's tech strategy, American Banker, 18 February, https://www.americanbanker.com/news/how-goldmans-new-robo-adviser-fits-into-its-tech-strategy (archived at https://perma.cc/ZEZ2-F5W6).

4. Gates, B (2021) How to Avoid a Climate Disaster: The Solutions We Have and the Breakthroughs We Need, Diversified Publishing, Murfreesboro, TN.

5. Kotorchevikj, I (2020) Why and how Nokia changed the game with people analytics, Hyperight [Webinar], 25 August, https://read.hyperight.com/why-and-how-nokiachanged-the-game-with-people-analytics/ (archived at https://perma.cc/47A2-YKCD).

6. O'Halloran, J (2020), Nokia launches AI-based operations to help telcos enter the 5G era, Computer Weekly, 31 March, https://www.computerweekly.com/news/252480922/Nokia-launches-AI-based-operations-to-help-telcos-enter-the-5G-era (archived at https://perma.cc/6TL5-GZNE).

7. Olson, P (2017) Nokia Buys Comptel For $370 Million To Help It Woo Telcos, Forbes, 9 February, https://www.forbes.com/sites/parmyolson/2017/02/09/nokia-buyscomptel-for-370-million-to-help-it-woo-telcos/?sh=685addb81939 (archived at https://perma.cc/9JV4-2WEC).

8. Rodgers, L (2018) Climate change: The massive $CO_2$ emitter you may not know about, BBC News, 17 December, https://www.bbc.com/news/scienceenvironment-46455844 (archived at https://perma.cc/7RLN-J2BL).

9. Siilasmaa, R (2018) The Chairman of Nokia on Ensuring Every Employee Has a Basic Understanding of Machine Learning – Including Him, Harvard Business Review [Blog], 4 October,hbr.org/2018/10/the-chairman-of-nokia-on-ensuring-everyemployee-has-a-basic-understanding-of-machine-learning-

including-him (archived at https://perma.cc/7K2W-PJ4Z).

10. Vuori, T O. and Huy, N (2018) How Nokia Embraced the Emotional Side of Strategy, Harvard Business Review (digital article), hbr.org/2018/05/how-nokia-embracedthe-emotional-side-of-strategy (archived at https://perma.cc/XD36-Q56M).

11. Vuori, T O. and Huy, N (2021) Regulating Top Managers' Emotions during Strategy Making, Nokia's Distributed Approach Enabling Radical Change from Mobile Phones to Networks in 2007–2013, Academy of Management Journal, in press, https://journals.aom.org/doi/10.5465/amj.2019.0865?ai=vctv&ui=3os1&af=H (archived at https://perma.cc/W8WF-5MUU).

12. X (2021) The Everyday Robot Project, X – The Moonshot Factory, https://x.company/projects/everyday-robots/ archived at https://perma.cc/BJ4E-T5RE.

## 致谢

感谢为本书出版作出贡献的所有人（以下排名不分先后）。

感谢提莫·拉普皮、维萨·马贾玛、米科·科索宁、伊夫·多兹、奎·胡伊、康培凯、佩卡·科波宁、卡里·普里、亚库·索伊尼、泰波·帕沃拉、马克·博登、约翰内斯·科波宁、本特·霍尔姆斯特罗姆、马蒂·阿拉胡赫塔、亨里克·埃赫伦罗特、里斯托·西拉斯马、蒂莫·里塔卡利奥、阿特·拉蒂朗塔、马可·阿金提、佩卡·马蒂拉、伊丽莎白·比索 汉斯·彼得·布朗德莫、马蒂亚斯·耶尔内费尔特、塔内利·鲁达、蒂莫·托伊卡宁、扬内·奥赫曼、尤西·帕洛拉、森贾·拉森、朱卡·萨尔米库卡、维萨·弗里斯特罗姆、图马斯·锡尔杰宁、G.贝利·斯托克代尔、阿里·图拉、马库斯·萨洛兰宁、埃图·卡尔帕南、托米·皮伊哈提、尤西·姆基宁、托尼·卡里欧、海伦·奥拉莫、基西·汤姆森、维萨·科伊乌宁、蒂纳·姆凯拉、皮特·萨林，尤哈·胡尔科、维尔·胡尔科、保利娜·阿兰，以及 Silo AI 的联合创始人、员工和客户们。

此外，我还要感谢 2019 年普罗迪科终身学习方案的参与者和阿尔托大学的教师、学生，感谢他们提供了意见和反馈；感谢苏莱马·古兰尼、托马斯·克莱姆普顿和YGL社区的朋友,以及诺基亚的同事、奥古斯特联合公司的托米·埃雷及其他同事、我们的编辑杰拉尔丁·科拉德。同时也向我们的家人和亲人表示衷心的感谢,感谢你们的支持。